Stefan Kiechle

Macht ausüben

Ignatianische Impulse
Herausgegeben von Stefan Kiechle SJ und Willi Lambert SJ,
Band 13

Ignatianische Impulse gründen in der Spiritualität des Ignatius von Loyola. Diese wird heute von vielen Menschen neu entdeckt.

Ignatianische Impulse greifen aktuelle und existentielle Fragen wie auch umstrittene Themen auf. Weltoffen und konkret, lebensnah und nach vorne gerichtet, gut lesbar und persönlich anregend sprechen sie suchende Menschen an und helfen ihnen, das alltägliche Leben spirituell zu deuten und zu gestalten.

Ignatianische Impulse werden begleitet durch den Jesuitenorden, der von Ignatius gegründet wurde. Ihre Themen orientieren sich an dem, was Jesuiten heute als ihre Leitlinien gewählt haben: Christlicher Glaube – soziale Gerechtigkeit – interreligiöser Dialog – moderne Kultur.

Stefan Kiechle

Macht ausüben

echter

Bibliografische Information der Deutschen Nationalbibliothek

Die Deutsche Nationalbibliothek verzeichnet diese Publikation in der Deutschen Nationalbibliografie; detaillierte bibliografische Daten sind im Internet über <http://dnb.d-nb.de> abrufbar.

3. Auflage 2010

www.echter-verlag.de
Umschlag: Roberto Meraner
Druck und Bindung: CPI – Clausen & Bosse, Leck
ISBN 978-3-429-02700-1

Inhalt

1. Macht ist gut

Viele Menschen wollen Macht und leiden unter Machtlosigkeit, andere genießen ihre Macht. Wieder andere scheuen die Macht und empfinden sie als Last. Mancher Mächtige fühlt sich ohnmächtig. Viele lassen sich korrumpieren und missbrauchen ihre Macht. Der eine will seine Macht nicht wahrhaben und übt sie doch umso stärker aus, der andere meint, mächtig zu sein, und ist es nicht. Manche verteufeln die Macht als Ausbund des Bösen, andere vergöttern sie als Lebenselixier. Oft wird Macht verschwiegen, aus Scham oder aus Ideologie, manchmal jedoch, um sie zu steigern. Bisweilen reden Mächtige viel, und ihre Sprache übt selbst Macht aus. Durch Macht wird Leid zugefügt, und sie wird zum Fluch; oft aber ist sie ein Segen. Sie verändert nicht nur die Welt, sondern zuerst die Menschen, seien sie mächtig oder ohnmächtig.

Macht ist ein heikles Thema, in Kirche und Welt. Ein Zusammenhang zwischen Macht und Spiritualität wird selten hergestellt. Wir trennen gerne: hier das spirituelle oder religiöse, eigentlich private und innere Leben – dort die öffentlichen Aufgaben mit ihren Zielen und Zwängen, mit den dafür notwendigen, bisweilen unschönen Mitteln und mit ihren Mühsalen und Freuden. Und doch wollen wir unser *ganzes* Leben und Tun spirituell gestalten, auch dort, wo Macht wirkt. Ist Macht im Prinzip gut oder böse? Dürfen wir Macht anstreben? Was hilft uns, dass wir uns durch Macht nicht korrumpieren lassen? Inwiefern schlagen Macht und Ohnmacht ineinander um, und wie lässt sich das christlich deuten? Gibt es Werte und Maßstäbe, nach denen wir Macht gut ausüben können? Gott, so heißt es, sei allmächtig – aber was bedeutet das für unsere Macht? Um diese und ähnliche Fragen geht es in diesem Buch. Es will Mächtigen, die aus christlicher Inspiration leben wollen, ein wenig helfen, ihre große oder kleine Macht in Welt oder Kirche, Familie oder Beruf, Privatleben oder öffentlicher Aufgabe besser wahrzunehmen, zu verstehen und auszuüben.[1]

Dieses Buch orientiert sich an der Spiritualität des Ignatius von Loyola (1491 bis 1556), des Gründers des Jesuitenordens. Sie gibt Weisung für Menschen, die sich mit Leidenschaft in Kirche und Welt für die Menschen engagieren. Sie verbindet Gottesbezug und alltägliches Leben und Arbeiten. Sie hat schon immer aktiven und mächtigen Menschen geholfen, ihr Tun zu ordnen und christlich auszurichten. Kenner der ignatianischen Spiritualität werden feststellen, dass dieses Buch nach den Exerzitien aufgebaut ist: Das erste Kapitel verweist auf das »Prinzip und Fundament« – was Gott schuf, ist gut, aber in sich ambivalent –, die Kapitel zwei bis fünf auf die vier »Wochen« der Exerzitien. Das Buch kann daher als geistlicher Führer eines Exerzitienwegs dienen. Wer den ignatianischen Geist (noch) nicht kennt, wird dieses Buch dennoch verstehen und nutzen können.[2]

Was ist Macht?

Das Wort »Macht« kommt von dem althochdeutschen »mugan«, dieses aus der indogermanischen Wurzel »magh«: Ursprünglich bedeutet dies »kneten«, dann »können«, »vermögen«. Um im Bild zu bleiben: Wer Macht ausübt, knetet einen Teig, macht ihn dadurch homogen und zwingt ihm eine Form auf. Der Soziologe Max Weber hat den modernen Machtbegriff geprägt: »Macht bedeutet jede Chance, innerhalb einer sozialen Beziehung den eigenen Willen auch gegen Widerstreben durchzusetzen, gleichviel, worauf diese Chance beruht.«[3]

Wie kann einem Menschen Macht zukommen? Manche haben Macht aufgrund ihrer Gaben: physische oder psychische Überlegenheit; angeborene oder erworbene Kompetenzen; ein »Charisma«. Andere haben Macht aufgrund der ihnen zur Verfügung stehenden Mittel, materiellen oder anderen. Wieder andere üben Macht aus, weil sie einer mächtigen Gruppe angehören: einer sozialen Klasse, einem Stand, einer Partei. Oder man erhält Macht durch ein übertragenes Amt, das innerhalb einer Institution Vollmachten verleiht: die Befugnis und Pflicht, in festgesetzten Grenzen verantwortlich zu entscheiden, außerdem in der Regel bestimmte Privilegien, also materielle und soziale Vorteile oder auch Machtsymbole, welche selbst noch einmal Macht enthalten.

Träger der Macht können einzelne oder Gruppen sein. Es gibt viele Mittel, Macht zu erwerben, zu festigen und zu mehren. Wer Macht ausübt, greift in der Regel in die Freiheitsrechte anderer ein.[4] Aus seiner Freiheit zwingt er ihnen auf, was sie vielleicht nicht wollen. Ist das mit einem freilassenden menschlichen Umgang vereinbar, mit einem christlichen Menschenbild, mit den Menschenrechten? Ist Freiheit nicht das höchste Gut aller göttlichen Schöpfung? Hat Macht daher nicht zumindest eine böse Wirkung?

Viele Menschen streben Macht an. Macht, so meinen sie, gibt ihnen Gutes: die Möglichkeit, für andere und für sich selbst Wertvolles zu schaffen; Freude am Gestalten; Sicherheit vor Gefahren; persönliche Ehre und das Gefühl von Wichtigkeit. Manche befriedigen durch Macht ihr Bedürfnis nach Aufmerksamkeit und Zuwendung. Manche streben Macht an, weil sie nur mit machtvollem Durchgreifen ihrer Verantwortung für anvertraute Menschen oder für eine Institution gerecht werden. Dürfen wir Macht anstreben?

Für den religiösen Menschen ist Macht, wie alles Irdische, von Gott geschaffen. Gott ist der ursprünglich Mächtige und jede irdische Macht ist von seiner Macht abgeleitet. Sie ist Gabe des Schöpfers und damit relativ und begrenzt. Sie wird auf Zeit verliehen und muss spätestens im Tod vollständig zurückgegeben werden. Gott wird von den Mächtigen Rechenschaft über den Gebrauch der Macht verlangen.

Macht ist nicht Ziel, sondern Mittel. Wäre Macht Ziel, dürfte oder müsste man sie um ihrer selbst willen anstreben. Als Ziele kommen jedoch nur Werte in Frage. Das eigentliche und höchste Ziel des Menschen ist es, Gott zu ehren und zu ihm zu gelangen. Welches die Ziele der Macht sind, soll später eigens bedacht und umrissen werden. Auf Ziele hin ist die Macht relativ, für sie wird sie ausgeübt, an ihnen wird ihr Gebrauch gemessen! Da Macht nur Mittel ist, soll man sie – wie jedes Mittel – in Freiheit so weit ergreifen, als sie zu ihrem Ziel hin hilft, und so weit lassen, als sie von ihrem Ziel wegführt (vgl. GÜ 23[5]). Wer Macht als Ziel anstrebt, sieht in ihr nicht das Geschöpf Gottes, sondern beginnt, sie zu vergötzen, sich an sie zu binden und sie für fremde Zwecke zu missbrauchen.

Wir halten fest: Macht ist gut, weil von Gott geschaffen. Allerdings setzt der Mächtige immer Eigenes gegen andere durch, engt sie ein, mindert ihre Freiheit. Dies kann nur gut sein, wenn Macht Böses – den Missbrauch von Freiheit – bekämpft und Raum für

Gutes – neue Freiheit – eröffnet. Der negative Effekt wird durch den größeren positiven gerechtfertigt und übertroffen; *dafür* hat Gott die Macht geschaffen. Macht ist eine Folge der Sündigkeit der Welt, denn nur in einer sündigen Welt muss man gegen Böses einschreiten. Macht kann zu schlechten Zielen oder in falscher Weise missbraucht werden und mehr Böses schaffen als beseitigen. Die Ambivalenz der Macht liegt also in ihrem Gebrauch, nicht in ihrer Existenz. Es ist heikel, Freiheit einzuengen, um größere Freiheit zu schaffen. Kriterium des Handelns kann nur sein, unreifen, ungerechten oder überhaupt schädlichen Freiheitsgebrauch zu verhindern. Nur der wird mehr Gutes als Böses wirken, der die Macht frei und selbstlos, diskret und liebevoll gebraucht.[6]

Mit Ignatius die Welt bejahen

Christliche Spiritualität wird, vereinfacht dargestellt, bisweilen so gesehen: Hier sei die Welt – grundsätzlich verdorben und sündig, machtbesessen, genusssüchtig, dem Materiellen verhaftet, gewalttätig, im Fortschritt untergehend. Dort sei die Kirche oder der göttliche Bezirk – abgesondert von der Welt und vom Geist geleitet, von Gott erlöst und geheiligt, dem Materiellen enthoben, eine Gemeinschaft von Brüdern und Schwestern, in der es keine ungerechten Machtverhältnisse gibt. Diese dualistische Sicht – darin haben die Kritiker teilweise Recht – spielte im Christentum über Jahrhunderte eine Rolle. Sie findet sich in mancher monastischen (mönchischen) Spiritualität: Aus der bösen Welt zieht man sich in die Wüste oder ins Kloster zurück, weil man nur dort Gott findet. Es gab diese Sicht auch in anderen spirituellen Strömungen, in der Antike und im Mittelalter. In Resten ist sie bis in unsere Zeit, vor allem in der nur halb bewussten und kaum reflektierten Mentalität mancher frommer Christen, ebenso bei manchen konservativen und dennoch machtbewussten Kirchenführern verbreitet. Wenn Sündigkeit und Machtmissbrauch der Kirche allzu offensichtlich wurden, konnte man den »guten Bereich« ganz ins Jenseits verlagern und sich umso mehr nach Erlösung aus dieser bösen Welt sehnen.

Der dualistische Ansatz ist nicht christlich, sondern aus antiker heidnischer Philosophie. Er konnte sich im Christentum – Gott sei Dank – nie ganz durchsetzen. Die Bibel hat eine andere Sicht, nach der Welt und Materie, Leibliches und Sinnliches, da von Gott geschaffen, für gut angesehen und bejaht werden. Zu Beginn der Neuzeit erwachte das Christentum neu und begann, die Welt zu bejahen. Die »Neue Welt« war entdeckt, und die Menschen entwickelten nun technische Mittel, diese großartige alte und neue Welt zu erobern, zu gestalten, ja sie vehement zu verbessern. Politik und Macht wurden wichtiger, und man setzte sie ein, mal engagiert zum Guten, mal skrupellos zum Bösen. Je komplexer und reicher die Gesellschaft wurde, desto mehr Macht entstand. Entsprechend wuchs der Machtmissbrauch, und seine Folgen wurden immer grauenhafter – diese deprimierende Erkenntnis lehrt das 20. Jahrhundert, und das 21. macht nicht den Eindruck, besser zu werden.

Ignatius steht an diesem Beginn der Neuzeit. Seine Spiritualität kennt nicht mehr den alten Dualismus, sondern sie bejaht – einerseits biblisch, andererseits »modern« – die Welt mit ihren Strukturen und Bedingungen, also auch mit ihrer Macht. Ignatius ermuntert die ersten Jesuiten – und über sie viele Christen –, aus dem kirchlichen Ghetto auszubrechen, in die Welt hinauszugehen und diese, wie er schreibt, für Christus zu *erobern* (GÜ 95). Seine Bildwelt ist noch den längst überholten Kreuzzügen verhaftet – Beispiele für schrecklichen Machtmissbrauch im Namen Gottes und der Kirche. Die Absicht ist jedoch neu: die Grenzen der damals bekannten Welt zu überschreiten, um *alle* Menschen zum Glauben und damit zu ihrem Heil zu führen; die Welt zu christianisieren, d.h. sie zu mehr Gerechtigkeit und Frieden zu führen; den Dialog mit den Kulturen und Religionen zu suchen. Bekannte Beispiele für diese drei Anliegen sind die Aussendung des Jesuiten Franz Xaver nach Indien, die Jesuitenreduktionen von Paraguay und die China-Mission des Mateo Ricci. Natürlich waren die Missionsmethoden jener Epoche zeitbedingt. In vielen Punkten sind sie nicht mehr aktuell, doch der Ansatz des Ignatius bleibt: Er bejahte grundsätzlich die Welt und ebenso die Macht. Diese wollte er aktiv nutzen, um die Welt zum Guten hin zu gestalten. Allerdings strebten er und seine Brüder nicht selbst nach weltlicher Macht, sondern sie suchten die Mächtigen so weit mit christlichem Geist zu prägen, dass diese ihre Macht für gute und heilsame Zwecke einsetzten. Die Mittel dafür waren vielfältig: Exerzitien für Führungspersonen in Kirche und Welt, um sie zu Umkehr und zu gutem Machtgebrauch zu bewegen; Jesuitenkollegien, die eine Elite von Schülern – die zukünftig in Kirche und Welt Mächtigen – zu christlichen Werten erziehen sollten; Arbeit der jesuitischen Hofbeichtväter, die unmittelbar die Fürsten zum Guten hin zu beeinflussen suchten. Diese Versuche gelangen nicht immer, aber der Ansatz beeindruckt, und das Anliegen ist gültig bis heute.

Nach Ignatius muss das Ja zur Welt und zu ihrer Macht ein *unterscheidendes* sein, denn tief war in ihm das Wissen darum verankert, dass Machtgebrauch ambivalent ist: Macht verführt zum Bösen und korrumpiert ihre Träger. Daher die ständig wach gehaltene Frage: Wo wird Macht zum Guten hin verwendet, wo zum Bösen? Wo hat sich ein Dämon eingenistet, der dem Mächtigen einflüstert, dass er seine Macht vorrangig für sich selbst nutzen soll? Wo erliegt der Mächtige den Verlockungen der Macht und missbraucht sie egoistisch? Die Prüfung muss in tiefe Schichten der Seele hinabreichen und auch Unbewusstes oder Verdrängtes ans Licht zu heben versuchen; die Psychologie und die spirituelle Pädagogik bieten hierzu methodische Hilfe. Grundsätzlich bedeutet das Ja zur Macht zugleich Vertrauen und Misstrauen: Vertrauensvoll soll man sie als gute Gabe nutzen, auch wenn ihr Einsatz Mühe kostet und Unverständnis oder Ärger auslöst. Vorsichtig und im guten Sinn misstrauisch muss man ihren Gebrauch bei sich und bei anderen beobachten und kritisieren.

Strukturen der Macht in Kirche und Welt

Wo Menschen sich in Gemeinschaften verbinden und diese »strukturieren«, gibt es Macht. Jeder hat mit Macht zu tun: In Firmen und Behörden üben Vorgesetzte Macht aus. In der hohen und niedrigen Politik versucht man mittels Macht, Ziele zu erreichen und Ideale zu verwirklichen. Die Lehrerin hat Macht über ihre Schüler, der Pfarrer über seine Gemeinde und über seine haupt- und ehrenamtlichen Mitarbeiter. Eltern haben Macht über ihre Kinder; wenn diese älter werden, spüren sie schmerzlich, dass ihre Macht schwindet. Allerdings haben auch Kinder Macht über ihre Eltern, indem sie sie binden und bestimmen. Ärzte und Therapeutinnen, Erzieherinnen und Lehrer, aber auch Priester und Seelsorgerinnen haben oft gewaltige Macht über ihre »Klienten«, vor allem, wenn diese hilfsbedürftig sind und deshalb sozial oder emotional von ihnen abhängen. In Berufen, in denen zwischen Menschen große Nähe und existentielle Abhängigkeit entsteht, betrachten wir Machtmissbrauch – vor allem sexuellen – zu Recht als schwerwiegendes Vergehen; gleiches gilt in Beziehungen unter Verwandten.

Machtstrukturen sind grundsätzlich gut, denn sie zeigen und regeln den Machtgebrauch. Um Missbrauch zu verhindern, muss Macht gerecht strukturiert und effizient kontrolliert werden. Wenn Machtstrukturen sich verfestigen und undurchsichtig werden, ist niemand mehr dafür verantwortlich, wie die Macht ausgeübt wird. In sich ist Bürokratie gut: Im gelungenen Fall sorgt sie für Ordnung und für Recht, für Verlässlichkeit und für Gleichbehandlung aller – ein großer Vorzug westeuropäischer Staaten, der meist zu wenig geschätzt wird. In einer schlecht strukturierten oder korrupten Bürokratie nehmen Unrecht und Missbrauch überhand, und der Einzelne fühlt sich hilflos an »das System« ausgeliefert, das ihn unbarmherzig knechtet.

In der katholischen Kirche hat Macht ein eigenes Gesicht: Indem sie aus Gottes Auftrag und von der Vollmacht Christi her begründet wird, ist sie heilig und unantastbar. Mächtige können der Versuchung erliegen, das Hinterfragen und die Kritik der Macht zu verbieten – was allerdings in unseren aufgeklärten Zeiten nicht wirklich gelingt. Weil diese Macht »von oben« verliehen ist, will sie sich nicht »von unten«, also demokratisch, kontrollieren lassen. In einer auf diese Weise *hierarchischen* Kirche – das Wort bedeutet heilige, von Gott gegebene Herrschaft – wird die Macht im Prinzip immer absoluter und immer weniger kontrollierbar. Sie muss nicht mehr begründet werden, wird eher autoritär ausgeübt und leichter missbraucht. Viele Menschen erfahren kirchliche Macht als verletzend und leiden unter ihr; und wenn sie sakralisierte Macht nicht diskutieren dürfen, wenden sie sich ganz von der Kirche ab.

Allerdings gibt es auch den anderen Trend: Weil kirchliche Amtsträger unter dem ständigen Vorwurf, zu viel Macht zu beanspruchen, leiden, trauen sie sich nicht mehr, diese auszuüben und Entscheidungen zu fällen. Andere füllen nun das Machtvakuum aus, eben Untergebene: Sie lassen sich von ihren Vorgesetzten nichts mehr sagen und agieren zunehmend autonom. So gibt es in der Kirche also auch einen Mangel an Leitung, folglich wenig Kooperation und Zusammenhalt, und auf der anderen Seite viel ätzende Kritik an den Leitern, die diese hilflos ertragen müssen. Der Idee nach wird die Kirche ziemlich autoritär regiert, praktisch jedoch oft freilassender als viele Firmen.

Ein weiteres Gegengewicht zum hierarchischen Prinzip bildet die Tatsache, dass die Macht in der Kirche rechtlich geregelt und bürokratisiert ist, mit allen Vor- und Nachteilen. Außerdem ist sie globalisiert, so dass ein einzelner Pfarrer oder Bischof tatsächlich weniger Macht hat, als man meint. Viele lokale Amtsträger fühlen sich in starre Strukturen eingezwängt und leiden unter ihnen. Und »Rom« hat zwar im Prinzip alle Macht, aber doch vor allem die des Wortes und eben wenig wirkliche, d.h. strukturelle Macht, um seinen

Willen durchzusetzen. Die verächtliche Frage Stalins: »Wie viele Divisionen hat der Papst?«, bezog sich auf politische Macht, doch selbst innerkirchlich regiert der Vatikan meist mit *Papieren*; diese finden zwar einiges Echo in den Medien, haben aber meist wenig Auswirkung auf das Leben der Kirche. Natürlich bedürfen dennoch die kirchlichen Machtstrukturen der Reform, besonders die der Personalpolitik. Hier geht es jedoch nicht um diese Fragen, sondern um den persönlichen Umgang mit vorhandener oder angestrebter Macht.

Das Institut des Klerus verschärft das Problem: Hier reserviert eine kirchliche Gruppe viel Macht für sich. Den Zugang zu ihr regelt diese Gruppe so, dass er nicht nur an Kompetenz – menschliche, spirituelle und seelsorgerliche – gebunden ist, sondern auch an fachfremde Merkmale wie männliches Geschlecht und zölibatäre Lebensweise. Laien, die – weil ihnen diese Merkmale fehlen – nicht zu kirchlicher Macht gelangen, fühlen sich diskriminiert. Nochmals mehr leiden sie, wenn Kleriker ihre Macht über sie schlecht ausüben. Und da die fachfremden Merkmale bei der Zulassung zur Priesterweihe ein großes Gewicht haben, üben viele Kleriker ihre Macht zwar mit viel gutem Willen, aber oft wenig kompetent aus. Priester müssen zudem aufpassen, dass sie die ihnen abverlangten Verzichte – auf Freizeit, auf Partnerschaft und Familie – nicht mit ungeordnetem Machtstreben kompensieren.

Im katholischen Kirchenverständnis wird Macht thematisiert und gerechtfertigt, mag auch die theologische Begründung für manchen recht »steil« ausfallen; das macht den Umgang mit ihr immerhin offen, und es erleichtert die Machtkritik. Im evangelischen

Christentum gibt es zwar weniger Probleme mit einer zu großen Sakralisierung der Macht oder mit Privilegien des Klerus, allerdings findet sich eher – so der Eindruck von außen – die Tendenz, Macht zu verleugnen, etwa mit der Begründung, es brauche sie in der Kirche nicht, denn wir Christen seien doch in Christus alle gleich und Schwestern und Brüder im Heiligen Geist. Derart verleugnete Macht meldet sich jedoch umso heftiger wieder, nur undurchsichtiger und schwerer kontrollierbar. Was in der Theorie hier eher zu »steil« ist, ist dort eher zu »flach«. Die rechte Mitte liegt wohl dort, wo Macht, weil von Gott verliehen und daher gut, angenommen und ausgeübt wird, jedoch so weit thematisiert und kontrolliert ist, dass die Fallen des Missbrauchs umgangen werden können.

Nebenbei gesagt: Der Jesuitenorden, der bekanntlich recht hierarchisch ist und einen strengen Gehorsam pflegt, kennt ein eigenes Gelübde, in dem jedes Mitglied vor Gott verspricht, niemals Ämter anzustreben. Wer dennoch bei dem Versuch dazu auffällt, muss angezeigt werden und verliert jede Chance, das Amt zu bekommen. Außerdem sind Ämter in der Regel zeitlich befristet, meist auf sechs Jahre, so dass, wer heute *oben* ist, morgen wieder *unten* sein wird; würde er *oben* seine Macht missbrauchen, könnte er das später *unten* zu spüren bekommen. Beide Regeln wurden von Ignatius klug eingerichtet; sie verhindern Karrierestreben und stillen Machtmissbrauch. Institutionen, in denen man auf der Leiter immer nur *nach oben fallen* kann und in denen Amtsträger – etwa Konzernvorstände oder Bischöfe – praktisch nicht absetzbar sind, erleichtern den Machtmissbrauch strukturell.

Was bleibt für die Kirche als ganze? Leider erleichtern

manche ihrer Strukturen den schlechten Machtgebrauch – die Finanz- und Sexskandale der letzten Jahre zeigen das. Macht wird immer ausgeübt, und wir müssen festhalten, dass sie selbst gut, ihr Gebrauch jedoch ambivalent ist. Jeder, der in der Kirche Macht hat, wird daher wachsam, vertrauend und ehrfürchtig darauf achten, seine Macht gut zu gebrauchen. Da die Kirche mit hohem moralischem Anspruch auftritt – er ist ihr von Gott gesetzt –, wird ihr Wirken genau beobachtet und streng beurteilt. Würde ihr Zeugnis unglaubwürdig, verriete sie ihren Auftrag.

Gabe und Aufgabe

Macht ist Gabe: Wir sollten sie als Geschenk annehmen und zu guten Zwecken nutzen. Wenn ihre Ausübung Freude macht, dürfen wir diese Freude genießen. Wenn es uns durch Macht gelingt, Gutes zu tun, sollen wir das erreichte Gute wertschätzen und dafür danken. Da die Macht uns verliehen ist, ist das mit ihr gewirkte Gute gleichsam nicht unser Werk, sondern das Werk dessen, der sie uns gegeben hat. Geber aller Macht und Kraft ist für uns Christen immer Gott, daher werden wir Gott für unsere Macht und die mit ihr gegebenen Möglichkeiten danken.
Wenn ein Mächtiger, besonders ein Amtsträger, seine Macht nicht annimmt und nicht ausübt, entsteht ein Machtvakuum. Dieses wird, wie oben angedeutet, in der Regel von anderen ausgefüllt, die dann informell die Macht übernehmen. Diese Macht ist jedoch weder umgrenzt noch verpflichtend, sie braucht auch nicht verantwortet zu werden und ist risikolos missbrauchbar. Deswegen ist es gefährlich, anvertraute Macht nicht auszuüben. Der schüchterne oder macht-

scheue Mächtige muss nötigenfalls innere Vorbehalte und äußere Widerstände überwinden.

Für jede Aufgabe muss man veranlagt und ausgebildet sein. Andernfalls überfordert man sich und übt sein Amt schlecht aus. Wo sich Befähigung und Macht nicht entsprechen, sollte man ein angebotenes oder angestrebtes Amt nicht übernehmen. In Bürokratien werden leitende Mitarbeiter oftmals so lange *nach oben* befördert, bis sie auf einem Posten sind, mit dem sie überfordert sind. Nun leiden alle unter ihrer Inkompetenz, und weiter wird man sie keinesfalls befördern. Weil sie aber auf dem erreichten Posten nicht absetzbar sind, richten sie mit ihrer Macht dort für lange Zeit Schaden an. Um die eigenen Gaben recht einzuschätzen, braucht es den nüchternen und ehrlichen Blick, Demut, gute Berater und den Mut zum rechtzeitigen Nein.

Macht ist Aufgabe: Wer sie hat, muss einsehen, dass sie mit der Verpflichtung zu gutem Gebrauch verbunden ist. Pflichterfüllung, Ordnung und Zuverlässigkeit werden zwar oft als »konservativ« oder als »Sekundärtugenden« verspottet, haben jedoch bleibenden Wert. Institutionen und Staaten, in denen der Machtgebrauch durch klare, gerechte Regeln und deren korruptionsfreie Einhaltung geordnet ist, sind bessere Lebensräume nicht nur für Menschen ohne Macht, sondern für *alle*.

2. Macht korrumpiert

Es ist traurig, aber wahr: Macht korrumpiert, und viel Macht korrumpiert viel. Warum das so ist, bleibt ein wenig rätselhaft. Der Mensch ist frei und hat immer die Möglichkeit, sich zum Bösen hin zu entscheiden. Dem Mächtigen gelingt das besonders leicht, indem er seine Macht für seine Zwecke einsetzt, die als böse zu qualifizieren sind, wenn er sich auf Kosten anderer, d.h. mit der Billigung, dass diese Nachteile erleiden, persönliche Vorteile verschafft. Die Verführungskraft der Macht ist offensichtlich so groß, dass ihr Mächtige sehr leicht erliegen. Das betrifft nicht alle gleich, doch jeder Mächtige kennt die Frage, ob und wie bei ihm die Korruption durch die Macht eingesetzt hat und ob er ihr – gewollt oder *ohnmächtig* – zustimmt. Abraham Lincoln sagt: »Willst du den Charakter eines Menschen kennen, gib ihm Macht.« Macht ist auch für den Mächtigen gefährlich, denn schonungslos legt sie bloß, was in ihm steckt.

Dieses Kapitel will – entsprechend der »ersten Woche« der Exerzitien – die Korruption durch Macht aufzeigen und helfen, bei sich die Ansätze dazu wahrzunehmen, diese richtig einzuschätzen und entsprechend gegen sie anzugehen. Es will für Mächtige eine Art Gewissensspiegel sein, der jedoch nicht möglichst vollständig die konkreten Weisen der Korruption auflistet, sondern eher dazu anregt, selbst auf Entdeckungsreise zu gehen. Selbstverständlich setzt es voraus, dass der – wie auch immer »mächtige« – Leser *umkehren* und seine Macht nach ethischen Maßstäben ausüben *will.*[7] Und noch eine Vorbemerkung: Jedem

Leser werden schnell zahlreiche Mitbürger einfallen, auf die das Gesagte hervorragend passt. Es ist jedoch ratsam, zuerst sein eigenes Gewissen zu erforschen und danach, falls nötig, das der anderen.

Eigene und fremde Interessen

Wer Verantwortung für eine Institution oder – was ja meist zusammengehört – für Menschen übernimmt, hat in seinem Leitungsamt deren Interessen zu vertreten: Er muss schauen, dass die äußeren Bedingungen günstig bleiben oder werden, so dass die ihm Anvertrauten sich entwickeln und *wachsen* können. Er muss die Ziele der Einrichtung vertreten und aktiv ihre Umsetzung betreiben. Er muss sich um den Fortschritt der Einzelnen und der Gruppe bemühen und alle Mittel einsetzen, die dazu helfen. Bisweilen muss er gegen Widerstände arbeiten und die ihm übertragenen Interessen mit Hilfe von Macht durchsetzen. Dafür ist ihm diese anvertraut, und ohne sie könnte er sein Amt nicht ausfüllen. Bisweilen wird er, um seiner Aufgabe gerecht zu werden, persönliche Nachteile in Kauf nehmen, sich etwa mehr Stress zumuten oder unbeliebt machen. Bisweilen wird er die Interessen der Institution gegen die der Menschen abwägen, etwa wenn ein Chef, um das Überleben der Firma zu sichern, daran denkt, Mitarbeiter zu entlassen.
Nun hat der Mächtige auch persönliche Bedürfnisse und Interessen: Er will Freude bei der Arbeit empfinden, materiell etwas gewinnen, private Aktivitäten nicht behindern lassen, seine Karriere fördern. Die Gefahr ist, dass er – bewusst oder nicht, absichtlich oder nicht – die Interessen der Institution mit seinen eigenen verkoppelt und seine Macht so einsetzt, dass

sie mehr ihm als der Institution nützt: Er hat eine private Einladung, und nun legt er dienstliche Termine um, gegen den Widerstand der Mitarbeiter oder zu ihrem Nachteil. Er behält sich angenehme Arbeiten vor, die unangenehmen delegiert er. Er fördert »Lieblinge«, denen er sich privat verpflichtet fühlt und die ihn dafür anerkennen, und unterdrückt Menschen, die ihm unangenehm sind oder Nachteile bringen. Er nutzt dienstliche Mittel – Wohnung, Auto, Reisen – so, dass er die dabei unvermeidbare Grauzone privat ausnutzt. Er erhöht mit Tricks sein Gehalt. Er regiert durch gekonnte Selbstdarstellung so, dass er bei seinen Chefs gute Figur macht und sich für höhere Ämter qualifiziert. Er rückt Nebenbuhler der Macht in schlechtes Licht und beschneidet sie, damit sie ihm nicht gefährlich werden. Er setzt seine politische Linie mit kleinen, gerade noch legitimierbaren Lügen durch.

Die Versuchung, hier Macht zu missbrauchen, ist gewaltig und subtil. Die Frage lautet: »Inwieweit verletzen meine persönlichen Interessen das Wohl der mir anvertrauten Menschen oder die Gerechtigkeit?« Eigene Interessen sind nicht verwerflich, denn auch der Amtsträger hat ja das *Recht,* dass es ihm gut geht und er vorankommt. Sie sind jedoch problematisch, wenn Interesse gegen Interesse steht und er sich *auf Kosten* anderer bereichert. Das Amt und damit die Macht sind ihm ja *für andere* verliehen. Das Amt gut zu führen – im Sinn jener göttlichen Macht, die alle menschliche Macht verleiht – bedeutet, zunächst aus dem Eigeninteresse und Eigenwillen »herauszuspringen« (vgl. GÜ 189), dann gründlich die verschiedenen Interessen abzuwägen und schließlich in der Entscheidung selbstlos und ehrlich *die Sache* und das Wohl *der Menschen* in den Mittelpunkt zu stellen. Kompromisse werden notwendig sein, oft auch schmerzliche Einschnitte, aber der Machtträger darf die Schmerzen nicht immer nur oder vor allem den anderen zumuten, was er mit seinen Machtmitteln ja tun könnte.

Was können Themen sein, auf die hin man sich prüft? Einen Hinweis gibt die Erzählung der Versuchung Jesu (Lk 4,1–13)[8]. Jesus geht in die Wüste und fastet. Vom Teufel wird er dreimal attackiert: Brot wird ihm vor Augen geführt, d.h. er könnte sich eine sinnliche Befriedigung verschaffen, allerdings um den Preis, seine Vollmacht als Sohn Gottes zu missbrauchen und mit dem Bösen zu paktieren. Die zweite Versuchung geht direkt auf die Macht, die ihm in dieser Situation von Ohnmacht, Leere und Einsamkeit neue Befriedigung und Lust verheißen würde. Als Drittes versucht der Teufel es mit der Ehre und dem Hochmut: Er schmeichelt Jesus und gibt ihm das Gefühl, etwas ganz Besonderes zu werden, wenn er sich ihm anvertraut. Sinnliche Befriedigung, Lustgewinn aus Macht und persönliche Ehre sind drei Urversuchungen des Menschen, für die er Macht missbrauchen kann. Es leiten ihn dann nicht mehr das Gute und der Blick auf Gott und seine Werte, sondern er paktiert mit dem Teufel, der Habgier und Egoismus einflüstert.

In seinem Exerzitienbuch schlägt Ignatius die Übung der »Zwei Banner« vor (GÜ 136–147). Sie ist in Bildwelt und Sprache vom Rittertum des Mittelalters geprägt und für heute nicht leicht übertragbar. Ihr Kern ist jedoch aktuell: Der Teufel verführt mit Hilfe seiner Dämonen die Menschen zuerst zum Reichtum, über diesen dann zur Ehre und schließlich zum Hochmut. Unsere Erfahrung bestätigt diesen Dreischritt: Wir Menschen wollen zuerst Besitztümer raffen – materielle wie immaterielle, etwa Zeit, Lust, Bildung. Diese verschaffen uns Anerkennung, aber auch eine »Position« vor anderen und damit Macht; stolz blähen wir uns nun vor ihnen auf. Am Ende schließen wir uns vor ihnen ab, selbstgenügsam, hochmütig und im Bewusstsein, endgültig ihren Niederungen entstiegen zu sein. Das Gegenbild zum Teufel ist Christus: Er führt mit Hilfe seiner »edlen Ritter« die Menschen in drei parallelen Schritten zur Armut, dann zu Schmähungen und schließlich zur Demut. Auch dies bestätigt die Erfahrung: Wir müssen die Güter, an denen wir so sehr kleben, loslassen, zumindest im Herzen; allerdings braucht es wohl auch äußeren Verzicht, um diese innere Freiheit zu erlangen. Zweitens müssen wir Abweisung und Spott erdulden – was uns heute besonders schlecht schmeckt: Wer will nicht cool und erfolgreich und beliebt sein? Dies führt dann zur Demut, die, recht verstanden, nicht verletzend oder *demütigend* die Person beschädigt, sondern einfach sagt: Ich erkenne *realistisch* Grenzen an, nehme *bescheiden* den mir zugeteilten Platz ein und erfülle *selbstlos* meinen Auftrag in der Welt.

Narzissmus und Macht

Unsere postmoderne Lebenskultur trägt die Tendenz in sich, narzisstische Persönlichkeiten und Stile zu fördern. Weil es kaum bindende Normen, Institutionen und Gemeinschaften gibt, fühlt sich der Einzelne auf der Lebensbühne wie auf einer *tabula rasa*: leer und einsam, orientierungslos und verwirrt. Nun muss er sich ständig zwischen vielfachen Angeboten entscheiden, dadurch seinen Stil kreieren und so seine Identität ausbilden. Und er muss sich, um zu bestehen und Erfolg zu haben, in Szene setzen und etwas Besonderes

darstellen. Vor allem ichschwache Menschen wollen, um Identität und Sicherheit zu gewinnen, bewundert und anerkannt werden, denn nur im Erlebnis, großartig, erfolgreich, wichtig und mächtig zu sein, überwinden sie ihr Minderwertigkeits- und Ohnmachtsgefühl. Als narzisstisch gestört bezeichnet man jemanden, der übertrieben selbstbezogen ist und bei dem Grandiosität und Überbewertung des Selbst mit Gefühlen der Minderwertigkeit einhergehen. Er ist von der Bewunderung anderer abhängig, zudem oft emotional oberflächlich und neidisch. Andere Menschen verachtet er und beutet sie aus.[9] Diese krankhafte Form des Narzissmus ist von einer gesunden zu unterscheiden, in der die Symptome schwächer sind und so auftreten, dass sie in die Gesamtpersönlichkeit integriert bleiben und keine massiven Störungen des Verhaltens verursachen. Das Bedürfnis nach Selbstidealisierung ist dadurch ausgeglichen, dass man Kritik akzeptieren und Selbstkritik üben kann, ohne dass bei jedem Hinterfragen das Selbstwertgefühl verloren geht. Ein maßvoller und gesunder Narzissmus ist insofern prinzipiell gut, als er zu Einsatz und Leistung motiviert. Im Folgenden gehen wir nicht von krankhaften Störungen aus, die professionell zu behandeln sind, auch nicht vom gesunden Bedürfnis nach Anerkennung, sondern von negativen, oft unbewussten Motiven, die das Verhalten beeinflussen.
Narzisstische Personen streben oft nach Macht, denn deren Ausübung befriedigt ihr Bedürfnis, im Mittelpunkt zu stehen, Großes zu wirken, dafür bewundert und geehrt zu werden und sich dann wertvoll zu fühlen. Macht gibt dem Narzissten auch die Möglichkeit, andere für sich und die Erfüllung seiner narzisstischen Bedürfnisse einzusetzen. Damit ist das Risiko

groß, dass er seine Macht missbraucht, und jeder Mächtige mit dieser Anlage – wer hat sie nicht? – sollte sich regelmäßig auf diese vielleicht erst vage erkennbaren Mechanismen hin prüfen. Die narzisstische Bedürftigkeit ist ein geradezu ideales Feld, unter dem Vorwand hoher und selbstloser Ideale – spirituelles Mühen und theologisches Denken fördern diese noch – sich selbst in die Tasche zu lügen und unbemerkt mit der anvertrauten Macht mehr Böses als Gutes zu tun.

Einige Gewissensfragen: Suche ich in meinem rastlosen Schaffen und Machen vor allem meinen Erfolg, oder arbeite ich wirklich für andere? Trachte ich – als Predigerin oder Künstler, als Lehrerin oder Priester, als Ärztin oder Journalist – nach der Bühne, auf der ich mich inszenieren kann und bewundert werde? Suche ich die Medienpräsenz um der von mir vertretenen Sache oder um meiner Bekanntheit willen? Brauche ich den Beifallssturm der Menge als den Kick, der mich aus meiner inneren Leere und Einsamkeit reißt? Arbeite ich, um geliebt zu werden? Beneide ich die Erfolgreichen? Muss ich andere vor meinem inneren Auge – oder vor Dritten – schlecht reden, um selbst groß und wichtig zu erscheinen? Spanne ich mir Anvertraute für meine Zwecke ein? Empfinde ich Lust, wenn ich andere kleiner machen kann als sie sind oder als ich bin? Muss ich mir durch Leistung und Erfolg beweisen, was ich wert bin? Reagiere ich auf Kritik – sie schmerzt immer, und das darf ich mir eingestehen – gekränkt? Umgebe ich mich mit Ratgebern, die mich nie kritisieren? Teile ich die mir Anvertrauten scharf und endgültig in zwei Gruppen ein: Freunde – sie loben mich immer, und wir stützen uns gegenseitig bedingungslos – und Feinde – ich beurteile sie negativ und drücke sie gnadenlos nach unten?

Narzissmus als Schwäche anderer kann auch ausgenutzt werden – ein anderer Missbrauch von Macht: Untergebene schmeicheln dem Chef nach allen Regeln der Kunst, sagen ihm, was er hören möchte, kritisieren nie. Indem sie seine narzisstischen Bedürfnisse stillen, machen sie ihn gefügig und bekommen von ihm, was sie wollen. Er wird abhängig von ihnen, und nach einiger Zeit üben sie über ihn mehr Macht aus als er über sie. Nur kränken dürfen sie ihn niemals, denn sonst fallen sie in Ungnade. Und noch einen Trick gibt es, den narzisstischen Mächtigen gefügig zu machen: Wenn man einen Dissens mit ihm hat oder er eine Gunst nicht gewähren will, erklärt man ihm: »Du hast mich verletzt.« Indem man sich zum Opfer und ihn zum Täter stilisiert, macht man ihm ein schlechtes Gewissen. Schlecht zu sein, bringt ihn jedoch in Konflikt mit seinem idealisierten Selbstbild! Er wird sofort alles tun, um den vermeintlichen Schaden wieder gutzumachen: Er gibt im Konflikt nach, gewährt die erbetene Gunst usw. Schließlich wird er erleichtert und dankbar sein, wenn der Untergebene sich wieder versöhnt zeigt und ihn neu lobt. In sich selbst verliebte Mächtige lassen sich sehr leicht manipulieren. Kinder und Jugendliche sind oft wahre Meister dieser Manipulation.

Ignatius behandelt das Thema unter dem Stichwort *Ehre*: Man soll nicht seine eigene Ehre suchen, sondern die größere Ehre Gottes. Ignatius war ein eitler und karrieresüchtiger junger Ritter, der im Mittelpunkt stehen und bewundert werden wollte. Oberste Pflicht war für ihn, die eigene Ehre, die der Familie und die der angebeteten hohen Dame zu verteidigen. Dieser Narzissmus wurde 1521 in Pamplona brutal gebrochen, als im Kampf eine feindliche Kanonenkugel sein

Bein zertrümmerte. Nach einer inneren Umkehr verachtete Ignatius seine Ehre und suchte nur noch die Ehre Gottes: Was Gottes Zielen dient, was also unter den Menschen den Glauben und die Tugend verbreitet, was der Gerechtigkeit und dem Frieden dient, *das allein ehrt* Gott. Der Mensch und sein Werk sind unwichtig. Wenn einem Menschen ein gutes Werk gelingt, so hat Gott es durch ihn gewirkt. Man soll daher für das Werk nicht zuerst dem Menschen danken und ihn loben, sondern Gott gebühren der Lobpreis und die Ehre. Wir Menschen sind demütige Werkzeuge in der Hand eines allmächtigen und gütigen Schöpfers; dankt man uns, so verweisen wir auf Gott.

Was kann der Mächtige tun, um seiner narzisstischen Falle zu entkommen? Er soll sich mit guten, auch gut kritisierenden Beratern umgeben; an seiner Kränkbarkeit arbeiten und sachliche Kritik nicht persönlich nehmen; sich an Machtsymbolen und -privilegien nicht berauschen: dem BMW und der Dienstwohnung, dem Brioni-Anzug und der Mitra, den Erfolgszahlen und den Titeln, dem Beifall der Masse und dem Buckeln der Untergebenen. Er soll in nüchtern-kritischer Distanz zu den Dingen verharren und sie zum Guten einsetzen; Menschen nicht ausnutzen und die Wahrheit nicht verdrehen; nicht allen alles recht machen wollen, um von allen geliebt zu werden; seine Ehre und sein Fortkommen nicht so wichtig nehmen, sondern der Sache dienen; sein schwaches Ich nicht dadurch stärken, dass er Schwache niederdrückt, sondern durch wirkliche Freude, durch liebevolle Beziehungen, durch Versenkung in Gott. Und für das Gute, das ihm gelingt, soll er Gott danken und ihm die Ehre geben.

»Er hat keine Angst, und er macht keine Angst«

Dies ist das wohl schönste Lob, das über den derzeitigen Jesuitengeneral P. Peter-Hans Kolvenbach geäußert wurde. Weil er weder von Angst regiert wird noch mit Angst regiert, kann man ihm vertrauen, und er kann, trotz aller Grenzen seines Amtes und seiner Person, den Orden in schwierigen Zeiten gut leiten. Wenn Mächtige sich von Angst leiten lassen oder Angst als Machtmittel einsetzen, kann das zu schweren Fehlern und zu schlimmen Ergebnissen führen. In der Kirche hat man leider oft den Eindruck, dass aus Angst und mit Angst regiert wird.

Wenn schüchterne und ichschwache Personen in Führungsämter kommen – ob von ihnen angestrebt oder nicht –, so gibt es für sie zwei Fallen: Entweder sie verschleppen notwendige Entscheidungen aus Angst, etwas falsch zu machen oder jemandem wehzutun. Oder sie ergreifen die Flucht nach vorne und regieren autoritär, in der permanenten Angst, ihre Autorität und Macht zu verlieren und unterzugehen. Weiterhin fällen sie viele Entscheidungen so, dass dadurch ihr Amt gesichert und ihre Angst besänftigt wird und eben nicht nach den menschlichen und sachlichen Notwendigkeiten. Und wer Angst vor zu starken Untergebenen hat, geht ihnen entweder aus dem Weg, lässt sie beliebig agieren und gibt damit seine Macht und Verantwortung auf, oder er setzt »hinten herum« Fakten, die den Untergebenen zwar klare Linien vorgeben, allerdings von diesen, da es vorher keine Kommunikation gab, als autoritär und willkürlich empfunden werden.

Angst zu machen ist *das* Machtmittel, um Untergebene gefügig zu machen oder Projekte gegen Widerstand durchzusetzen. Um ein Klima der Angst zu erzeugen, genügen oft kleine symbolische Akte: ein strenger Blick, eine herabsetzende Bemerkung, hoheitliches Gehabe, Geheimniskrämerei. Je mehr Vollmachten der Mächtige hat, desto leichter kann er Angst erzeugen. Oft wird er selbst nicht merken, wie er Angst macht, und es auch nicht wirklich wollen; unbewusst schüchtert er die Menschen ein. Das Problem ist: Wer nicht aus Einsicht und »Liebe« gehorcht, sondern aus Angst, bleibt innerlich distanziert und arbeitet nur unter Druck. Das emotionale Klima verschlechtert sich, die Mitarbeiter werden unzufrieden, die Arbeit verliert an Effizienz. Auch kann der Angst machende Chef die Kompetenzen seiner Mitarbeiter immer weniger nutzen, denn es gibt zu wenig Kommunikation, Offenheit und Kreativität. Wo das Vertrauen zerstört ist, leben Menschen nicht mehr freudig, sie wachsen nicht mehr und sind nicht motiviert, sondern funktionieren nur noch kümmerlich.

Angst haben und Angst machen hängen oft zusammen: Aus seiner Angst heraus regiert der Mächtige mit dem Mittel der Angst und gerät so in einen Teufelskreis, in dem erlittene Angst und erzeugte Angst ineinander umschlagen und sich gegenseitig verstärken. An Diktatoren kann man sehen, wie sich diese Angstspirale immer höher dreht – bis zur Paranoia – und wie grausam sie sich auswirkt. Der kluge Mächtige wird sich fragen, wo sich bei ihm Angst unheilvoll auf seinen Leitungsstil auswirkt, auch im Kleinen und Subtilen.

Was kann man gegen Angst tun? Das erste Mittel, Angst abzubauen, ist, intensiv und vertrauensbildend zu *kommunizieren*: immer wieder miteinander reden, respektvoll die Meinungen und die Emotionen des Gesprächspartners zu ergründen und zu verstehen suchen, Missverständnisse ausräumen, Konflikte aufarbeiten. Das kostet Zeit und Mühe, lohnt sich aber unendlich. Weiterhin hilft es, wenn der Mächtige sich mit den Untergebenen auf klare *Ziele* des Handelns einigt, nötigenfalls in einem harten, aber ehrlichen Ringen. Wenn danach alle Beteiligten »an einem Strick ziehen«, arbeitet man nicht aneinander vorbei oder gegeneinander, sondern vertrauensvoll miteinander. Schließlich sind Angst und *Spiritualität* eng verbunden: Wer in sich selbst und in Gott ruht; wer darauf vertraut, dass auch in Zeiten des Umbruchs und des Zerbröckelns heiliger Traditionen und alter Sicherheiten *alles* in Gottes Hand geborgen ist; wer Schuld, Versagen und Misserfolg im Vertrauen auf Gottes Güte anzunehmen und zu vergeben bereit ist, der kann mehr *vertrauen* und sich *freier* engagieren, denn er weiß, dass nicht alles von ihm und seinem Tun abhängt. Eine geistliche Gemeinschaft wird sich bemühen, *gemeinsam* das Vertrauen in Gottes Führung zu stärken und aus ihm zu leben und zu planen. Natürlich darf die Spiritualität nicht an die Stelle der Verantwortung treten oder gar zum Fluchtort für Ängstliche werden. Vertrauen in die Menschen und Vertrauen in Gott sind keine Alternativen, stehen nicht in Konkurrenz zueinander, sondern wachsen parallel und befruchten sich gegenseitig.

Erlittenes weitergeben?

Viele Menschen erlebten irgendwann, dass man sie einengte, verletzte, demütigte und kränkte. Die »Schuldigen« sind meist Eltern, Lehrer, Pfarrer, Vorgesetzte, also Menschen mit Macht. Ob die Tat wirkliches Unrecht war oder nicht, spielt für unser Nachdenken nur eine geringe Rolle, denn subjektiv ist die Verletzung eine Tatsache, die man nicht leugnen kann, die daher *Recht hat* und nur schwer aus der Welt zu schaffen ist. Je früher in der Kindheit solche Ereignisse vorkamen, je tiefer sie in die persönliche Sphäre hineinreichten und je ohnmächtiger man ihnen ausgeliefert war, desto schmerzlicher werden sie nachwirken. Solche Wunden quälen oft ein Leben lang, sie bewirken einen tiefen Groll, manchmal Aggression oder Bitterkeit, sie werden zum Trauma. Viele Betroffene kommen damit nur zurecht, indem sie das alles weitgehend ins Unbewusste abdrängen.

Doch auch dort wirkt vieles weiter. Oft führt das dazu, dass der Verletzte seine Last an Unbeteiligte, über die er Macht hat, weitergibt. Er wird diese einengen, verletzen, demütigen, unterdrücken. Anfangs sind es kleine Sticheleien und Bosheiten, durch die er seine Macht spüren lässt, später kann sich das alles zum gewalttätigen Machtmissbrauch, etwa durch Mobbing, auswachsen. Er fühlt sich dabei vollständig *im Recht*, findet tausend sachliche oder pädagogische Gründe für sein Handeln und merkt gar nicht, wie er andere nur nach unten drückt, um seinen Hass auszuleben. Das gewisse Lustgefühl bei dieser Machtausübung gesteht er sich kaum ein, aber er lebt daraus und kompensiert mit ihm seine Frustration und das Gefühl, minderwertig, verachtet oder schmutzig zu sein. Auf Beobachter wirken solche Menschen unduldsam, verbittert oder bösartig. Mancher, der keinen Menschen hat, den er demütigen kann, dressiert sich lustvoll ein Haustier zu Unterwerfung und Gehorsam. Wenn jemand sich zu Bitterkeit oder Bosheit entwickelt, ist das sehr traurig und – besonders im Alter – kaum mehr aufzuarbeiten.

»Sadistisch« nennt man Handlungen, in denen der Mensch Lust am Quälen empfindet. Manchmal gehen sie parallel mit masochistischen Handlungen, in denen er den eigenen Schmerz lustvoll verkostet. Auch hier gibt es eine Spirale, in der man wie ein Süchtiger einen immer höheren Lust-Kick des Quälens braucht, um seine Befriedigung zu finden. Wo diese Spirale ins Krankhafte reicht, braucht es professionelle Hilfe. Die Bibel spricht von der Bosheit, die »von Generation zu Generation« weitergereicht wird: Verletzungen und Traumata, Böses und Schuld gibt man stets an Schwächere, v.a. an Kinder, weiter und pflanzt sie so ohne Ende in der Menschheit fort. Alle sind in diese Verstrickung hineingezogen – die Theologie spricht von der Erbsünde. Ein literarisches Beispiel für diesen Mechanismus ist Heinrich Manns »Untertan«: Ein braver Bürger strebt einzig dafür Macht an, die früher erlittene Schmach endlich weitergeben zu können.

Niemand ist wohl gegen diese Spirale gefeit. Wer klug ist, wird sein Gewissen – auch im Kleinen und Subtilen – fragen, wo er insgeheim Lust an der Machtausübung empfindet: Tut es mir gut, wenn ich jemanden in die Schranken weisen kann? Was empfinde ich, wenn ich dem Gegner »eins reinwürge«? Mache ich mich groß, indem ich bei anderen auf die Fehler starre? Trage ich Bitterkeit und Verletzung im Herzen, die ich an anderen abreagiere? Wenn ich Untergebenen Unrecht zufüge: Suche ich zweifelhafte Argumente, um meine Strategie gegen den Einspruch meines Gewissens zu behaupten oder gar meine Lust zu rechtfertigen? Spiele ich bei den Intrigen meiner Firma oder Familie mit?

In dem Roman »Die Glut« schreibt Sándor Márai: »In jeder Machtausübung gibt es einen feinen, kaum spürbaren Anteil an Verachtung für die, über die man herrscht. Über eine menschliche Seele kann man nur herrschen, wenn man den Unterworfenen erkennt, versteht und sehr taktvoll verachtet.«[10] Dass man bei *jedem* Machtakt verachtet, erscheint zu pauschal; und doch trifft die Beobachtung Wahres.

Wie kann man solchen Regungen gegensteuern? Zunächst sollte man an den Verletzungen und an der Bitterkeit arbeiten, indem man angetanes Böses zu vergeben und sich mit Tätern, soweit irgend möglich, zu versöhnen sucht. Zu diesem langen und mühseligen Prozess können spirituelle Wege helfen, z.B. Exerzitien machen, zu Fuß nach Santiago pilgern. Wer von Gott her Vergebung und Heilung *erfährt*, wird anderen liebevoller begegnen. Er wird sich bemühen, Freude und Erfüllung auf andere und tiefere Weise zu suchen, so dass er die Kompensation durch Niederdrücken nicht mehr braucht. Schließlich sollte jeder Mächtige, wenn er entscheidet oder auf andere Weise agiert, aufmerksam bei sich auf Züge – auch auf die winzigen und perfekt versteckten – von Gehässigkeit, Neid, Rache, Zynismus oder Lust am Leiden anderer achten und ihnen *nicht nachgeben*! Kriterium des Entscheidens ist immer nur das sachlich, d.h. rational *und emotional* Bessere. Und bei Verachtung wird man sich bemühen, im anderen das Gute wahrzunehmen und ihm mit Respekt, ja Ehrfurcht zu begegnen. Für diesen Stil von Machtausübung braucht es Demut und Selbstlosigkeit, die man gewiss nie ganz besitzt, sondern ein Leben lang einüben muss.

»Teile und herrsche«

Dieses altrömische Prinzip sagt, dass der Herrscher möglichst viele Provinzfürsten auf möglichst kleine Gebiete verteilen soll. Da diese so weniger Macht haben und sich außerdem durch Konkurrenz gegenseitig in Schach halten, wird des Herrschers Macht nicht durch Emporkömmlinge oder durch Revolten bedroht. Heute angewendet, bedeutet diese Maxime: Der Mächtige delegiert wenig und das Wenige auf möglichst viele Schultern, informiert sparsam und niemals alle über alles, spielt Untergebene gegeneinander aus, lässt sich durch loyale oder abhängige Mitarbeiter über andere informieren – negativ gesagt, er setzt Günstlinge als Spitzel ein –, legt über sie Dossiers mit entehrenden Informationen aus dem Privatleben an und entmachtet allzu kompetente oder beliebte Mitarbeiter. Ist »Teile und herrsche« als Maxime legitim? Grundsätzlich stellt sich die Frage, ob und mit welchen Mitteln man Macht erhalten, verteidigen und vermehren darf.

Zunächst ist zu prüfen, zu welchem *Ziel* man Macht will: für die Karriere? Um der Lust an der Machtausübung willen? Um Untergebene klein zu halten oder zu demütigen? Aus Angst? Um materielle oder narzisstische Bedürfnisse zu befriedigen? Um eine Institution zu sichern, um ihrer selbst oder um der eigenen Ehre willen? Diese Motive sind zweifelhaft. Macht soll man anstreben, wenn sie dem Guten dient: Der Mächtige muss so viel Macht haben, dass er notwendige Entscheidungen durchsetzen und so seiner Verantwortung für das Ganze gerecht werden kann. Kriterium dafür ist »die gute Sache«, traditionell gesagt: das Gemeinwohl. »A bisserl Macht is halt scho nötig«, sagte ein Jesuitenprovinzial. Nur wenn er mit ihr Gutes tut, darf er nach diesem Satz handeln. Auch die Maxime »Teile und herrsche« findet hier ihr Kriterium und ihre Grenze. Für diese Selbstlosigkeit der Macht braucht es ein hohes Maß an Demut und Lauterkeit.

Entscheidend ist sodann die rechte Wahl der Mittel: Die Maxime »Der Zweck heiligt die Mittel« gilt zu Unrecht als jesuitisch und ist sachlich falsch. Man soll die Mittel auf das Ziel hin so wählen, dass sie diesem angemessen sind. Sie müssen legitim sein und mehr Gutes als Böses schaffen. Beispielsweise muss ein Pfarrer bisweilen Mitarbeiter kontrollieren und, falls nötig, ihre Kompetenzen beschneiden, wenn er damit der Gemeinde Unfriede erspart; er darf es nicht, wenn ihn vor allem dogmatische Enge, Angst vor Ansehensverlust oder die Planung seiner Karriere antreibt. Ein Betriebsleiter soll Mitarbeiter nach Kompetenz und nach Loyalität auswählen, nicht jedoch, weil sie schwach sind und daher seine Macht nicht gefährden oder ihm schmeicheln. Eine Ordensoberin kann nicht immer alle Schwestern über alles informieren, weil sonst Unruhe entsteht und manches nicht mehr durchsetzbar ist, aber sie sollte so transparent wie möglich regieren, um die Schwestern zu motivieren und ihre Kreativität und den Zusammenhalt zu fördern – und sie darf, wenn sie informiert, nur Wahres sagen.[11] Eine Großmacht muss sich gut überlegen, ob Krieg das rechte Mittel ist, um einen Diktator zu beseitigen und den Frieden herbeizuzwingen, denn Gewalt provoziert immer die meist schlimmere Gegengewalt – und das Mittel darf das Ziel nicht verdunkeln oder gar verhöhnen.

Macht und Eros

Macht macht erotisch. Starke Männer strahlen Männlichkeit aus und faszinieren manche Frau: Könige ziehen fremdländische Konkubinen an, Politiker wechselnde Gattinnen, Präsidenten junge Praktikantinnen, Prediger weibliche Fans, spirituelle Begleiter fromme Damen, Popstars pubertierende Mädchen. Dominanz wirkt attraktiv und verspricht, an der Aura und am Luxus der Macht Anteil zu geben. Die spirituelle Macht des Priesters oder des Gurus verheißt Heilung und Trost und wird daher zur Projektionsfläche für manche Frustration. Trotz der neuen Weichheit der Männer und ihrer vielfachen Unsicherheit ist Macht in unserer Kultur wohl noch immer stark – zu stark – mit männlicher Ausstrahlung verbunden. Wirken auch starke Frauen erotisch? Meist fühlen sich Männer durch intelligente oder anderweitig mächtige Frauen eher eingeschüchtert als angezogen, und sie neigen dazu, sich auf angstfreies Territorium zurückzuziehen. Einerseits kann *man* leicht seine erotische Macht zur Verführung missbrauchen. Der Pfarrer spannt weibliche Fans – oder Ordensschwestern – für Hilfsdienste in der Gemeinde und zu seiner persönlichen Bedienung ein. Der Politiker trennt sich von seiner nicht mehr ganz »frischen« Ehefrau – eine Jüngere wartet längst auf ihn. Das Vorstandsmitglied verführt – oder kauft – zur Kompensation seines Stresses Frauen, ohne zu bemerken, wie er sie ausnutzt und was er ihnen seelisch antut. Die Bibel, wie immer bodenlos nüchtern, erzählt die grausam-schöne Geschichte von König David, der sich Batseba, die attraktive Frau des Hetiters Urija, in sein Bett bringen lässt und, um die Tat zu vertuschen, anschließend den Ehemann durch einen fiesen Trick ausschaltet: Er lässt ihn im Krieg so an die Frontlinie stellen, dass er dort sterben muss – ein zweiter, ungeheuerlicher Machtmissbrauch (2 Sam 11). Doch es geht nicht nur um die ausgeführte Tat: Nach der Bergpredigt beginnt der Ehebruch mit dem lüsternen Blick und damit im Herzen (Mt 5,27f.). Hier verinnerlicht Jesus die alttestamentliche Ethik und führt sie auf ihren Kern zurück. Mächtige, so die Erfahrung aller Zeiten, werden oft unbegreiflich gierig: nach Geld, Ehre oder Sex – was ja alles eng zusammengehört. Leicht erliegen sie Grandiositätsphantasien, werden dadurch realitätsblind und wissen nicht mehr, welche ihrer Ansprüche angemessen sind und welche jedes gerechte Maß überschreiten. *Man* hat sich zu prüfen, wo man im Herzen oder im Tun *lüsternen* Strebungen Raum gibt, Grenzen überschreitet und Macht nutzt, um zu verführen und Menschen, in welcher Weise auch immer, zu benutzen.

Andererseits sind Mächtige leicht verführbar, etwa durch Schmeichelei. Schöne Menschen haben leichteres Spiel; Untersuchungen zeigen den größeren Erfolg attraktiver Frauen – und Männer – in der Arbeitswelt. Bekannt ist, wie viel Macht manche Sekretärin über ihren Chef, manche Studentin über ihren Professor, manche Geliebte über ihren Liebhaber, manche Pfarrhausfrau über ihren Pfarrer, wohl auch mancher hübsche Junge über seine Sozialbetreuerin hat. Macht und Ohnmacht schlagen hier ineinander um – dieses Phänomen ist später aufzugreifen. Verführen lassen sich Mächtige nicht nur dadurch, dass man ihre erotischen Bedürfnisse weckt und ausnutzt, sondern auch durch den Appell an narzisstische Bedürfnisse oder an »väterliche« Beschützer- oder »mütterliche« Pflegeinstinkte. Alle diese Ebenen fließen ineinander, oft verworren

und undurchschaubar, verborgen in einer scheinbar lauteren Liebes- oder/und Helferbeziehung, die jedoch nur abhängig macht und ausbeutet.
Das altgriechische Wort *eros* meint die begehrende und erkennende Liebe, im Unterschied zur *agape*, die im Neuen Testament die helfende und sich hingebende Liebe meint; für sie ist der liebevoll sorgende Gott des Alten und des Neuen Bundes das Vorbild. Der Eros ist gut. Man soll ihn ausleben »als die Kraft der Liebe, die den Geist bewegt, Gedanken befreit, Kreativität eröffnet, die Seele begeistert, den Körper beschwingt«[12]. Der Eros fängt Menschen ein und weckt Energien. Nur sollen wir sie mit dem Eros nicht an uns binden oder ausnutzen. Wir sollen sie anziehen, aber dann nicht auf uns selbst, sondern auf ein höheres Gut hinlenken – ein heikler Grat, den man nur mit Distanz und *Unterscheidung* erwandern kann. Wer Macht hat, wird mit seiner erotischen Kraft werben und locken, tanzen und verführen, aber am Ende wird er hinter seiner Botschaft und seinem Werk zurückgetreten sein und zu einem anderen Gut verführt haben. Den Eros muss er gewissermaßen mit *Keuschheit* einsetzen, also mit jener Grundhaltung, die nicht besitzen oder aufsaugen will, sondern freilässt, die selbst arm bleibt und sich hingibt, um andere reich und heil zu machen. Agape ist das Gegenstück zum Eros: Sie hilft und heilt, sorgt und nährt, aber freilassend, ganz zum Wohl des anderen. Nur sollen wir in der Agape nicht übertrieben helfen, also uns verzehren, uns »aufopfern« und dabei ausbrennen; gut meinende Mächtige, vor allem in helfenden Berufen, sind anfällig dafür. Agape und Eros, wo sie einseitig gelebt werden, sollten sich ausgleichen; sie führen sich gegenseitig zur rechten Mitte, befruchten und ergänzen sich.

3. Macht gut ausüben

»Wer das Leben liebt, wer das Rechte will, muss Macht wollen. Er muss es wünschen, mit dem Leben umzugehen. Man kann sich im eigenen Leben nicht auskennen und man kann dem fremden Leben nicht dienen, wenn man in der Ohnmacht verharrt ... Wer liebt, handelt. Wer liebt, will Macht.«[13]
Aktive Menschen, die Macht erstreben, einsetzen und zum Guten nutzen, wollen lernen, wie sie Macht ausüben können. Wer sein Gewissen erforscht und seine Fehler bereut hat, wird sich auf besseres Handeln hin besinnen. Im Sinn der »zweiten Woche« der Exerzitien greift dieses Kapitel Ansätze des vorigen auf und führt sie weiter. Manche Orientierung gibt die heilige Schrift, letzter Maßstab wird das Handeln Jesu sein.

Hören und Dienen

König Salomo, der weise Herrscher Israels, betet zu seinem Amtsantritt im Traum: »Verleih deinem Knecht ein hörendes Herz, damit er dein Volk zu regieren und das Gute vom Bösen zu unterscheiden versteht« (1 Kön 3,9). Der Mächtige will also hören lernen: auf das eigene Innere, auf Freunde und Berater, auf Signale der Zeit, auf das Wehen des Geistes, auf die Macht von oben. Nicht nur der Verstand soll hören, auch das Herz: ein glühendes Herz, ein mitleidendes Herz, ein leidenschaftliches Herz. Um zu hören, muss man – wenigstens zuzeiten – schweigen, denn wer selbst ohne Unterlass redet, hört nicht. Manche Leute können immer nur reden und belehren, weil sie meinen, alles

zu wissen, und überhaupt am liebsten sich selbst reden hören. Zum Hören gehört das Aufmerken: auf die Zwischentöne achten, auf die Stimmung und auf die Sehnsucht, auf die Angst und auf den Zorn, auf die Trauer und auf die Freude. Von »hören« kommt »gehorchen«: Auf die Wirklichkeit zu hören, so wie sie ist und nicht, wie man sie gerne hätte, ist wohl die erste Weise des Gehorsams. Einüben können wir das Hören in der Stille, die wir suchen und schaffen müssen.
Auf wen sollen wir hören? Um nicht schlechten oder gar bösen Menschen auf den Leim zu gehen, brauchen wir *gute Berater*. Diese sind, soweit möglich, *frei*, d.h. unabhängig von der Gunst des zu Beratenden und von seinem Geld. Sie dienen der Sache und nicht ihrer Karriere. Sie sind ebenfalls Hörende, die mit Informationen offen umgehen und nüchtern die Lage beurteilen. Leider umgeben sich Mächtige – oft ungewollt – mit Beratern, die ihnen nur das sagen, was sie hören wollen und was ihrer »Linie« entspricht, ihrem Weltbild oder ihrer Ideologie. Manche schließen sich so in einen Kokon von Hofschranzen ein, die ihnen nur nach dem Mund reden, in ihrer Binnensprache und nach internen Plausibilitäten. So wird der Mächtige blind für die Wirklichkeit – und zornig, wenn ihm diese doch vor Augen kommt und nicht in seine Politik passt. Zorn auf die Wirklichkeit ist jedoch nicht die beste Haltung, um sie zu verändern, und manche Berater schirmen deshalb ihren Chef von der Wirklichkeit ab. Ein weiser König bewahrt sich die Fähigkeit, auf Propheten zu hören, auch wenn diese verstören und die Günstlinge aufscheuchen. Gute Berater sind mutig, immer wahrhaftig, auch kritisch, ja frech, und doch aufbauend, bisweilen visionär. Wer gut beraten sein will, muss aufmerksam wahrnehmen und klug

unterscheiden. Er muss hässliche Wahrheit annehmen und unbequemen Rat aushalten. Am Ende wird er sich vom Einfluss seiner Berater nochmals lösen und souverän entscheiden, demütig und selbstlos, gehorsam seinem Gewissen, verpflichtet dem größeren Ganzen, hingegeben seinem Auftrag.
Worte haben Macht. In unserer Kultur des Bildes – geprägt durch Fernsehen und Internet – und der zu vielen, oft abgenutzten und missbrauchten Worte haben wir die Kultur des guten Wortes weitgehend verloren. Sie wiederzufinden wäre ein Segen. Im Hören lassen wir uns von starken Worten treffen und verändern. Sind es wahre und gute Worte, werden sie heilsam sein und Recht schaffen, sind es falsche oder böse Worte, werden sie schädigen und töten. Die Gabe der Unterscheidung von gut und böse müssen wir wie Salomo erbitten, zugleich aber auch einüben und lernen. Im Hören brauchen wir Vertrauen und Misstrauen, Nähe und Distanz, Annehmen und Zurückweisen. Wer gut zu hören weiß, vermag auch sein Reden zu verbessern, denn seine Worte werden treffender, also wirksamer. Durch ein geschickt gesetztes Wort etwas zum Guten zu verändern ist Gnade und Auftrag; und es ist nicht die schlechteste Weise, Macht auszuüben.
Mütter sind für ihre Söhne oft ehrgeiziger und machtgieriger als diese selbst. Als die Mutter der Zebedäussöhne darum bat, dass ihre Söhne die ersten Plätze im Himmelreich erhalten sollten, erteilte ihr Jesus eine Abfuhr: Wer Macht will, muss zuerst *den Kelch trinken* – eine Anspielung auf die Ohnmacht des Kreuzes. Zu den Jüngern sagte er: »Ihr wisst, dass die Herrscher ihre Völker unterdrücken und die Mächtigen ihre Macht über die Menschen missbrauchen. Bei euch soll es

nicht so sein, sondern wer bei euch groß sein will, der soll euer Diener sein, und wer bei euch der Erste sein will, soll euer Sklave sein« (Mt 20,20–28). Dieser berühmte Ausspruch führte dazu, dass man die Ausübung von Macht gerne mit dem schönen Wort »Dienst« umschreibt. Damit kann nicht gemeint sein, dass es keine »Ersten« und damit keine Macht geben soll; auch dürfen wir mit diesem Wort die Macht nicht leugnen oder gar den Missbrauch verschleiern oder schönfärben – manipulative Sprache ist nicht nur in der Kirche verbreitet. Ebenfalls wird nicht gemeint sein, dass der Dienende nichts wert ist und nichts gelten darf, dass er sich abarbeiten und verbrauchen muss, dass er gedemütigt und ausgenutzt werden darf. Gemeint ist vielmehr, dass der *dienend* Mächtige mutig und ohne auf sein Ansehen zu achten kämpft, dass er verantwortlich arbeitet, dass er selbstlos *für andere* und *demütig* da ist – das deutsche Wort bedeutet dienmütig –, dass er sich nach dem Vorbild Jesu einsetzt und sein Leben riskiert. Wo der Erste nicht dient oder auch nur das Wort »Dienst« missbraucht, verliert er Glaubwürdigkeit und Autorität. Wo er dient, gewinnt er Ansehen, ja Macht und bewirkt Großes.

Innere Freiheit

Um vor dem Entscheiden gut zu unterscheiden, braucht der Mächtige innere Freiheit. Wer Sklave seiner Leidenschaften oder Süchte ist, kann nicht ehrlich wahrnehmen, nicht klug abwägen und nicht gerecht entscheiden. Paulus beschreibt die Freiheit des Christen: »Alles ist mir erlaubt, aber nichts soll Macht über mich haben« (1 Kor 6,12); er meint zunächst Sinnliches wie Esssucht oder sexuelle Ausschweifung, aber übertragen auch Geistiges wie Ehrsucht oder Machtstreben. Ignatius beschreibt die innere Freiheit mit dem Bild der Waage (GÜ 15): Solange sie *in der Mitte steht*, also ausbalanciert ist, kann sie die Gewichte objektiv wägen. Er nennt das *Indifferenz*, also innere Gleichmütigkeit, das Bessere zu wählen, ohne Rücksicht auf die eigenen, oft ungeordneten Affekte, mit dem einzigen Blick darauf, was mehr zum Guten, zu Gerechtigkeit und Frieden, letztlich zum Reich Gottes führt (vgl. GÜ 23). Wer indifferent ist, darf Machtmittel nutzen: Alles ist ihm erlaubt. Aber nichts manipuliert oder beherrscht ihn: Nichts hat Macht über ihn.

Was hilft, in diesem Sinn freier zu werden? Zu dieser komplexen Frage ist wieder auf spirituelle Programme zu verweisen: Exerzitien, Meditationskurse, Pilgerfahrten, Kloster auf Zeit. Sie reinigen die Seele und lenken den Blick auf das Wesentliche. Hier soll nur eine kleine, aber wirksame Übung für den Alltag vorgestellt sein: Jeden Abend nimmt man sich 15 Minuten für einen Tagesrückblick. Über einige Wochen kann man sich jeden Abend auf eine bestimmte persönliche Schwäche hin prüfen: ein Moment der Unordnung, das immer da ist und eine ständige Falle darstellt; eine Schwäche in der Ausübung des Amtes, am besten eine, unter der alle Beteiligten leiden. Nachdem man sich tagsüber bemüht, den Fehler zu meiden, prüft man im Tagesrückblick die verflossene Zeit daraufhin und versucht, die Mechanismen zu durchschauen, die immer wieder zu dem Fehler führen. Schließlich nimmt man sich Besserung vor und bittet um die Gnade wirklicher Umkehr. Das ist ungewöhnlich, doch wer ehrlich ist, wird einsehen, dass er sich aus eigener Kraft kaum ändern kann. In dieser von Ignatius »Partikularexamen« genannten Übung drücken wir

unser Vertrauen darauf aus, dass Gott etwas bewirken wird – die Erfahrung bestätigt es.
Und wenn der Mächtige zürnt? Oft reagiert er wütend und aggressiv, wenn die Mitarbeiter nicht »funktionieren« oder das Projekt aus anderen Gründen nicht vorangeht. Ist Wut immer schlecht, und muss man sie immer *indifferent* zurückhalten, ja unterdrücken? Jesus war oft zornig, nicht nur, als er die Händler aus dem Tempel trieb; schon das beweist, dass Aggression gut sein kann. Allerdings: Der Wutschrei einer Autoritätsperson wirkt meist stärker als beabsichtigt, oft unkontrolliert, bisweilen zerstörerisch. Auch aus diesem Grund müssen wir unsere Wut zügeln; meist ist es besser, sie verrauchen zu lassen und am nächsten Tag das Problem in Ruhe anzusprechen. Manchmal dürfen wir sie jedoch direkt herauslassen: Das kann verstören, irritieren, aufrütteln, ist aber heilsam in dem Sinn, dass es tief sitzendes Unheil zerstört. Solche Aggression ist heilige Energie, und sie ermöglicht geistvolle Aktion. Und doch: Wer Macht hat, muss sich selbst gut kennen und die Geister, die ihn treiben, unterscheiden, damit er klug – gleichsam pädagogisch – mit seiner Wut umgeht: mal sie versteckend, mal sie zeigend, nicht direkt aus ihr handelnd, nie von ihr beherrscht, sondern immer aufbauend und im Maß.

Vertrauen und delegieren

Ängstliche Vorgesetzte wollen nicht nur alles kontrollieren, sondern am liebsten alle Arbeit selbst machen. Weil sie ihren Mitarbeitern nicht vertrauen, delegieren sie nicht. Sie fixieren sich auf Fehler und geraten in Angst um ihre Autorität und ihre Position. Sie fühlen

sich zu sehr verantwortlich und geben nichts ab. Und was in der Arbeitswelt gilt, trifft ähnlich für Eltern zu, die Jugendlichen nicht vertrauen, für kirchliche Vorgesetzte, die alles »im Griff haben« müssen, für spirituelle Begleiter, die den ihnen Anvertrauten nicht zugestehen, selbstständige Wege zu gehen. Allerdings: Man kann ein Klima des Vertrauens schaffen, Ängste abbauen, sich selbst und die eigene Verantwortung relativieren, Arbeit übertragen. Untergebene, besonders junge und unerfahrene, freuen sich über Verantwortung, sie fühlen sich ernst genommen und wachsen an ihr.
Was heißt »delegieren«? Man gliedert aus der Palette der Aktionen »Bereiche« aus und überträgt sie an einzelne Untergebene oder an Gruppen. Diese arbeiten dann selbstständig und verantwortlich. Die Verantwortung des Chefs bleibt bestehen, aber er gibt einen Teil seiner Macht ab – und damit auch Ehre. Delegieren ist eine Gratwanderung und braucht viel Aufmerksamkeit und gute Zusammenarbeit. Delegieren wird nicht nur den Chef entlasten, sondern die Mitarbeiter werden freudiger arbeiten, engagierter, kreativer. Nicht zu delegieren, hieße auch, Mitarbeiter zu infantilisieren und dadurch auf Effizienz zu verzichten. Es wäre falsches Delegieren, Misslungenes und die Schuld daran anderen in die Schuhe zu schieben – das Prinzip des Schwarzen Peters –, Gelungenes und das Lob dafür aber selbst einzuheimsen. Richtiges Delegieren setzt voraus, dass man ehrlich sowohl die Ehre als auch die Schuld denen gibt, denen sie gebühren.
Delegieren braucht Transparenz und Kommunikation: Offen und nach Regeln müssen Informationen hin- und herfließen. Der Untergebene muss den Vorgesetzten regelmäßig unterrichten und bei wichtigen Entscheidungen fragen, der Vorgesetzte wird die Kommu-

nikation immer wieder einfordern. Umgekehrt muss der Vorgesetzte möglichst transparent regieren und Untergebene in seine Entscheidungen einbinden, vor allem, wenn diese in den delegierten Bereich eingreifen. Absprachen müssen klar sein, Anweisungen erfüllbar. Wenn der Chef unklar bleibt oder ohne Konsultation Fakten setzt, kann der Untergebene seine Verantwortung nicht wahrnehmen, er wird misstrauisch, fühlt sich übergangen und übervorteilt. Damit Kommunikation gelingt, braucht sie »Strukturen«: regelmäßigen Austausch, organisierte Kultur der Beratung, Klarheit im menschlichen und sachlichen Umgang.

Ignatius sagt dazu: »Vorauszusetzen ist, dass jeder gute Christ bereitwilliger sein muss, die Aussage des Nächsten zu retten, als sie zu verurteilen; und wenn er sie nicht retten kann, erkundige er sich, wie jener sie versteht, und versteht jener sie schlecht, so verbessere er ihn mit Liebe« (GÜ 22). Zuerst für Exerzitienbegleiter gedacht, lässt sich diese Regel für jeden, der Macht hat, anwenden: Vertrauensvoll und wohlwollend soll er *hören*. Wenn er die Aussage des Untergebenen spontan ablehnt, weil er sie für falsch oder dumm oder schädlich hält, soll er sich zuerst durch geduldiges Nachfragen bemühen, sie besser zu verstehen und zu »retten«. Erst wenn der Dissens unlösbar bleibt, wird er korrigieren, eingreifen, anweisen – das aber »mit Liebe«! Oft urteilen Vorgesetzte schnell und harsch, entnervt und ungeduldig, und sie befehlen dann irgendetwas, ohne die Untergebenen genügend angehört und die Sachlage recht verstanden zu haben.

In den Satzungen des Jesuitenordens beschreibt Ignatius, wie der Generalobere »befehlen« soll: Er gibt zwar recht präzise die Ziele vor, lässt den Brüdern aber alle mögliche Freiheit in der Wahl der Mittel; er gibt den in der ganzen Welt Zerstreuten zwar konkrete Anweisungen, betont jedoch, dass man selbstständig vor Ort und je nach Umständen – die Kommunikation über große Distanzen war noch schwierig – Aufgaben auch ganz anders angehen kann, also gleichsam ungehorsam sein darf. Er sagt auch, dass man gegenüber Mitarbeitern manchmal mehr Strenge, manchmal mehr Güte walten lassen muss. Das Prinzip heißt »Akkomodation«: Anpassung an die Umstände; Spötter deuten daher das Kürzel »SJ« als »System Jenachdem«.

Mächtige sollen zu ihrer Verletzlichkeit stehen. Männer tun sich schwer damit, aber auch Frauen, die männlich stark sein wollen oder müssen. Zu oft meinen wir, in Konflikten den starken Mann darstellen zu müssen, überlegen, unbesiegbar. Schwäche muss man ehrlich, bisweilen schmerzlich vor sich selbst anerkennen, eventuell auch vor anderen, je nach Situation und im rechten Maß. Wer sich unsicher und verletzlich zeigt, wirkt zunächst labil, überfordert, vielleicht lächerlich; auf lange Sicht gewinnt er jedoch fast immer an Glaubwürdigkeit und Autorität. Auch ist es keine Schande, um Vertrauen und Hilfe zu werben, denn taktvoll umworbene und klug eingebundene Mitarbeiter arbeiten besser. Natürlich soll man Schwäche nicht kultivieren oder gar mit ihr kokettieren, aber man soll sie wahr- und ernst nehmen.

Wer sich schwach zeigt, ist damit noch nicht stark. Soll man sich als Verantwortlicher eine »harte Schale« zulegen, sich abschirmen gegen Ärger, Kritik und Spott? Regiert ein *abgebrühter* Machthaber besser, zumindest erfolgreicher? Die Antwort wird ein Jein sein: *Nein*, man soll nicht den starken Mann *spielen*, nicht das Verletzende und die Angst verdrängen, nicht durch Härte das menschliche Klima der Effizienz opfern. Manche

verleiblichen das Problem: Der dicke (Prälaten-)Bauch hält die Probleme auf Distanz, auch der Drache im Vorzimmer, auch die kalte Architektur der Macht. Andere werden selbst unnahbar, arrogant, kalt. *Ja*, man soll sich maßvoll schützen: Kritik und Konflikte nicht persönlich nehmen, in gewissem Maß über den Dingen stehen, mit Schwächen nachsichtig umgehen, sein Privatleben pflegen. Wer Macht hat, soll einerseits die Menschen an sich heranlassen, einfühlsam sein, Wärme ausstrahlen, andererseits darf er sich nicht verschleißen lassen, muss sich abgrenzen, Distanz wahren.
Besser regiert man mit Autorität als mit Macht: besser, indem man Freiheit zulässt, aber kommuniziert und überzeugt, indem man vertraut und fördert, indem man Persönlichkeit und Wissen einbringt, indem man die Kraft der Beziehung nutzt, indem ein Rat ins Herz trifft; schlechter, indem man Stärke demonstriert und Fakten setzt, indem man anweist und durchdrückt, einengt und aufzwingt. Im besten Fall kommen Autorität und Macht zusammen: Der Mächtige überzeugt und wirkt durch Autorität, und wo die Verhältnisse Macht erfordern, setzt er diese ein, mit Feingefühl und Sinn für Gerechtigkeit.[14]

Rollen und Symbole

Nähe und Vertrauen sind wichtig, ebenso wie Distanz und Sachlichkeit, und beides im rechten Maß. Zu diesem Balanceakt hilft es, den rechten Umgang mit Rollen zu beachten: Pfarrer haben eine Rolle, Väter ebenfalls. Lehrerinnen und Ärzte, Dienstvorgesetzte und Beraterinnen haben in ihren sozialen Gefügen klar definierte Rollen. Diese bieten Chancen des Wirkens, sie signalisieren Kompetenz und Verfügbarkeit, aber sie legen auch Grenzen der Beziehung auf. Rollen muss man annehmen und *spielen*, im Rahmen der Erwartungen und der Tradition. Nur selten ist ein klug inszeniertes und maßvolles Verlassen der Rolle angebracht: um jemanden herauszufordern, um einen Zustand zu hinterfragen, um einmal auf die Pauke zu hauen. In der Regel darf man die Rolle nicht verleugnen und ihre Grenze nicht überschreiten, sonst beraubt man sich der Chance, die in der Rolle liegt; oder man missbraucht seine Macht, schädigt gar die anvertraute Person. Ein einsichtiges Beispiel ist wieder der sexuelle Missbrauch – und alle harmlos erscheinenden Vorformen davon.

Rollen schaffen Distanz, sie versachlichen und funktionalisieren die Beziehung; dies passt zwar nicht in unsere spirituelle Kultur, die überall Nähe und Wärme sucht, aber es ist oft heilsam. Darf man eine »funktionale« Beziehung, auch eine der Abhängigkeit und Macht, mit privater Freundschaft verbinden? Wieder muss die Antwort *jein* heißen: *nein*, wenn man sich über die Freundschaft vor allem private Vorteile verschafft oder narzisstische Bedürfnisse befriedigt, wenn die Seilschaften – die klassischen Männerbündnisse in Parteien, im Klerus – vorrangig dem Machterhalt dienen, wenn der Amigo-Filz allzu sehr die Geschäfte fördert oder die Institution lähmt; *ja*, wenn der Chef auch zu einem Untergebenen, mit dem er befreundet ist, noch dienstlich ein sachliches, auch forderndes Verhältnis hat, wenn er andere Mitarbeiter nicht benachteiligt, wenn er die Sach- und die Personebene zu unterscheiden und zu verbinden weiß. Auch auf diesem Feld wird man mit Salomo um die Gnade beten, »das Gute vom Bösen zu unterscheiden«.

Mancher Mächtige muss mehrere Rollen einnehmen:

Die Chefin geht mit ihren Mitarbeitern anders um als mit ihren Kindern, die Lehrerin mit einer pubertierenden Schulklasse anders als mit dem gleichaltrigen Referendar, der Pfarrer mit seiner Sekretärin anders als mit der Frau, die seinen seelsorgerlichen Rat sucht. Hier gilt es, »den Schalter umzulegen«, oft plötzlich und radikal. Dies bedarf eigener Mühe, und mancher bleibt seiner beruflichen Rolle zu sehr verhaftet. Die penetrant mütterlich-sorgende Chefin, die auch im Privaten immerzu belehrende Oberlehrerin, der immer und überall pastoral einfühlsame oder salbungsvolle Pfarrer – es ist gut, wenn jemand sie korrigiert, und zwar deutlich genug.

Symbole der Macht schaffen Distanz: der schwere Dienstwagen, die vornehm-dunkle Kleidung, die eichengetäfelten Wände, das Designer-Büro, die gestrenge Vorzimmerdame, das bürgerliche oder kirchlich-liturgische Zeremoniell. Andererseits faszinieren Symbole: Die Aura der Macht zieht an, die symbolbeladene und streng durchgehaltene Rolle gibt Orientierung und Vertrauen, jedenfalls dort, wo die Institution, ihr Geist und ihr Auftrag akzeptiert sind. Der Amtsträger muss klug mit der schnell geschaffenen Nähe *oder* mit der oft heraufbeschworenen Distanz umgehen. Bei jeder Begegnung soll er zu erspüren suchen, ob sein Auftreten und sein Stil eher Vertrauen oder eher Misstrauen wecken: wenn Vertrauen, so wird er dieses klug nutzen und den Menschen nicht herablassend, sondern respektvoll und bescheiden begegnen; wenn Misstrauen, so wird er Machtsymbole reduzieren und durch werbende Freundlichkeit die Situation zu verbessern suchen. Symbole, vor allem Rituale, soll man so gestalten, dass sie verständlich und annehmbar sind: ästhetisch und stilvoll, aber nicht luxuriös oder selbstgefällig;[15] modern und ansprechend, aber ohne dem Zeitgeschmack nachzulaufen; angemessen bescheiden, aber nicht kleinkariert oder provinziell; freudig und würdig, aber nicht pathetisch oder triumphal; vermittelnd, aber nicht anbiedernd oder platt.

Schweres und Brüche

Mächtige tragen oft Schweres und erleiden Brüche – ihre Neider ahnen kaum, was ihnen erspart bleibt. Das Schwere sind ständiger Druck und Stress, Leid schaffende Entscheidungen, Verantwortung, der man nie ganz gerecht wird, Widerstände, gegen die man sich durchsetzen muss, ungerechte Vorwürfe, gegen die man sich nicht wehren kann. Brüche bestehen darin, dass man bei Entscheiden seine humanitären oder spirituellen Ideale nicht verwirklicht: Dem Chef zerreißt es das Herz, wenn er langjährige Mitarbeiter entlassen muss, seine Gefühle aber kaum zeigen darf und zudem den Vorwurf ertragen muss, kalt und unsozial zu handeln. Der Bischof streicht Gelder und würgt damit Gemeindeleben oder Sozialprojekte ab, und das ebenfalls mit dem Vorwurf, unmenschlich und – für ihn besonders hart – unchristlich zu handeln. Eltern setzen um christlicher Werte willen ihren Kindern Grenzen, was ihnen selbst schon schwer fällt und dazu den Vorwurf bringt, sie seien enger als andere Eltern, ängstlich, spießig, uncool.
Machtträger müssen oft Kompromisse eingehen. Keiner ist zufrieden, jeder kritisch, und obwohl niemand eine bessere Lösung weiß, nehmen sich alle das Recht zu klagen und zu schimpfen. Kompromisse sind schwer zu ertragen, für alle Beteiligten. Was kann man

tun, um die Wirkungen zumindest abzumildern? Verzichte sind dann eher annehmbar, wenn sie alle treffen. Bei harten Schnitten wird der Mächtige die Entscheidung erklären, sie immer wieder geduldig zu vermitteln suchen, sie nicht schönreden oder ihre Folgen vertuschen, sondern nüchtern ihre Notwendigkeit ansprechen und für sie werben. Kirchliche Obere sind das noch wenig gewohnt, medienerprobte Politiker schon eher, aber oft um den Preis des Schönfärbens. Auch Eltern und Lehrer müssen ihr Handeln vermitteln, Entscheide erklären, um Einsicht werben. Die Aufklärung hat heute so sehr unsere Lebenskultur durchdrungen, dass das alleinige Pochen auf Amtsautorität nirgends mehr genügt und ohne Erklären und Verstehen nichts mehr angenommen wird.

Teresa von Avila war eine tatkräftige und erfolgreiche Frau auch nach weltlichen Maßstäben. Aber sie hatte unendlich unter Widerständen und Fehlschlägen, unter unfähigen und autoritären Vorgesetzten und unter dem Machismo ihrer Zeit zu leiden. Dennoch ließ sie sich nie den Humor und die Freude nehmen. In ihren Schriften beklagte sie schonungslos die Missstände. Ihr Projekt der Ordensreform, mit eiserner Entschlossenheit begonnen, kommentierte sie im Rückblick: »Und so tat ich denn, was in meiner Macht lag.«[16]

Damit drückt sie aus, dass sie ihren Beitrag mit allen verfügbaren Mitteln geleistet hat, nun aber vertrauensvoll das Projekt abgibt: Sie legt es zurück in die Hände Gottes, denn jetzt kann nur er noch helfen – und er wird es tun. Gott verlangt von ihr nicht mehr, als ihr möglich ist. Unsere Verantwortung erstreckt sich nur auf Mögliches, und nach dem Einsatz aller Kräfte dürfen die Magd und der Knecht wieder ins Glied zurücktreten, sich erholen und den Dingen Gottes ihren Lauf lassen. Wir dürfen Unvollendetes akzeptieren, Fragmentarisches bejahen und darauf vertrauen, dass Gott auch auf krummen Zeilen gerade schreibt.

Fallen kennen und Rollen verlassen

Wer Macht hat, sollte seine Fallen kennen und sich bemühen, sie zu umgehen. Mit Hilfe der Psychologie lassen sich einige typische Fallen andeuten: Ein *zwanghafter* Vater unterscheidet zu wenig zwischen Wichtigem und Unwichtigem, fixiert sich auf Details und verliert dabei den Überblick; seine Kinder kontrolliert er mit engem Blick, Ordnung und Sauberkeit schätzt er zu hoch ein, Spontaneität und Charisma dagegen zu niedrig. Der *ängstliche* Vorgesetzte – wie oben ausgeführt – neigt dazu, Entscheidungen zu verschleppen oder aus dem Gefühl der Bedrohung heraus zu schnell und zu autoritär zu entscheiden. Die *depressiv* veranlagte Erzieherin fühlt sich schnell überfordert, auch antriebsarm und resigniert; sie empfindet tief in die Gefühlswelt ihrer Zöglinge und verliert dabei die nötige Distanz; sie will überall helfen und überarbeitet sich. Der *perfektionistische* Pfarrer will es allen recht machen, erträgt keine Kritik und empfindet jeden Rat als Eingriff in seine Machtsphäre. Den *narzisstisch* geprägten Politiker lernten wir ebenfalls kennen: Er inszeniert sich selbst und hungert nach Lob, er reagiert gekränkt und neidisch, sein Selbstwertgefühl hängt von seiner Macht ab. Leicht könnte man diese Liste verlängern. Die meisten Mächtigen werden in mehreren dieser Beispiele Anteile ihrer Persönlichkeit sehen. Hier gegenzusteuern heißt, einfach und natürlich Macht auszuüben, treu und nüchtern, wahrhaftig und in allem das rechte Maß bewahrend.

Von Zeit zu Zeit sollten wir unsere Rollen verlassen: als Mutter oder Pfarrer, Geschäftsfrau oder Therapeut regelmäßig das Dienstkleid ablegen und *einfach nur Mensch sein*, am besten bei guten Freundinnen und Freunden oder beim Partner oder bei der Partnerin. Dort hat man keine Kompetenz und keine Verantwortung, keinen Auftrag und keine Macht, man definiert sich nicht über Leistung und tappt nicht in die ewig gleichen Fallen, sondern man darf frei »von der Leber weg« reden und wird als Mensch, nicht nur als Teil des Systems angenommen und geliebt. Diese Erfahrung wirkt auf jeden Mächtigen unendlich wohltuend; wer sie nicht mehr genießen kann, ist von der Macht verbogen. Weil nun die Rolle nicht mehr drückt, kann die Seele schwingen und atmen, und in größerer Freiheit lässt man sich beraten und korrigieren. Bisweilen ist das die große Chance: Ein Pfarrer – auch ein katholischer – braucht eine Freundin, die ihm sagt, dass er schlecht gekleidet ist; eine Lehrerin ihren Mann, der sie vom ständigen Pädagogisieren abhält; ein Manager seinen alten Schulfreund, der ihm Druck macht, wenn er seinen Stress mit Alkohol betäubt; eine Mutter eine Freundin, die ihr das Gehirn vom Kinderdunst lüftet. Damit der Rollenbruch gelingt, *brauchen* Mächtige Menschen, die nicht in ihr Machtsystem eingebunden sind. Das Privatleben muss vom Dienst räumlich und zeitlich möglichst getrennt sein. Das gilt auch für Rollen, die eine solche Trennung gewöhnlich nicht kennen: die Pfarrerin und der Landarzt, der Novizenmeister und die Erzieherin, die Mutter und der Vater. Auch diese »totalen Berufe« sollte man so organisieren, dass man gelegentlich Abstand bekommt; ohne diesen schadet man dem Amt und sich selbst. Er befreit und reinigt, ordnet und klärt, entspannt und baut auf.

Der ideale Mächtige

Weltfremde Ideale aufzutürmen, hilft kaum. Dennoch nützen Ideale als Leitsterne: Sie geben Orientierung auf dem Weg, auch wenn man sie niemals erreicht. Das Ideal des Mächtigen sei auf mehrfache Weise beschrieben:

Der Psychoanalytiker Otto F. Kernberg schreibt, dass der ideale Anführer folgende fünf Eigenschaften in sich vereinen soll:

- Hohe Intelligenz, die es ihm erlaubt, die Erfordernisse der Arbeit zu erkennen und in Handlung umzusetzen, begleitet von langfristigem und strategischem Denken.
- Emotionale Reife und menschliche Tiefe, um sich gute Mitarbeiter auswählen und an diese Teile seiner Autorität delegieren zu können.
- Moralische Integrität, die ihn vor innerer Korruption und vor dem korrumpierenden Druck seiner Umgebung schützt.
- Ausreichende narzisstische Begabung, um auch bei Kritik der eigenen Anhänger selbstbewusst und unabhängig zu bleiben.
- Ausreichende paranoide Anteile, um feindselige Ströme und gegen ihn gerichtete Aggression erkennen und bearbeiten zu können.[17]

Die beiden letzten Eigenschaften mögen verwundern, doch ohne sie wäre der Mächtige zu wenig selbstständig-frei bzw. zu gutgläubig-naiv, so dass er in dieser korrupten Welt untergehen müsste. Dieses psychoanalytische Bild ist nun spirituell zu ergänzen:

In den Satzungen des Jesuitenordens entwirft Ignatius das Porträt des Generaloberen,[18] der mit weitreichenden Vollmachten den weltweiten Orden zu regieren hat. Dieses Porträt – in der Sprache jener Zeit verfasst – ist das Idealbild eines christlichen Regenten. Als die sechs wichtigsten Eigenschaften des Generals[19] nennt er:

1. Er sei »sehr mit Gott unserem Herrn verbunden und mit ihm im Gebet und in allen seinen Handlungen vertraut«.
2. In allen Tugenden, insbesondere in der Liebe zum Nächsten und in wahrer Demut, sei er für alle ein Vorbild. In den »Leidenschaften« sei er »abgetötet«, d.h. sein Handeln sei nicht triebhaft und nicht von chaotischen Impulsen bestimmt. Geradheit und Strenge soll er mit Güte und Milde verbinden. Von dem, wovon er meint, dass es Gott gefalle, soll er sich nicht abbringen lassen und dennoch das Mitgefühl mit denen, gegen die er entscheidet, bewahren. Er braucht Großmut und Tapferkeit des Herzens, um die Schwächen vieler zu ertragen und Großes auch gegen Widerstände – selbst wenn sie von sehr mächtigen Leuten kommen – durchzusetzen. Er muss über den Dingen stehen, ohne sich in den glücklichen emporheben oder in den widrigen entmutigen zu lassen. Er muss bereit sein, den Tod zu empfangen.
3. Er braucht Verstand und Urteil in den äußeren und praktischen, Klugheit und Erfahrung in den inneren und geistlichen Dingen.
4. Er sei wachsam und sorgfältig im Anfangen und zuverlässig und eifrig im Vollenden der Dinge.
5. Er soll gesund sein und schicklich aussehen.
6. Er soll gegenüber Außenstehenden ehrbar und vertrauenswürdig sein und einen guten Ruf haben.

Diese Beschreibung steigt ab vom Wichtigen zum weniger Wichtigen, von den spirituellen Tugenden zu den leiblichen und scheinbar äußerlichen Vorzügen. Und doch: Indem am Ende auch das Leiblich-Konkrete seinen Wert erhält, erweist sich dieser Ansatz als lebensnah und geerdet. Ignatius ergänzt, dass zwei Eigenschaften auf keinen Fall fehlen dürfen: Liebe und gutes Urteil. Für den obersten Leiter ist die ignatianische *discreta caritas* unverzichtbar.

Höchste Zeit ist es nun, auf *das* Urbild des idealen Machtträgers hinzuweisen, auf Jesus Christus: »Es wäre eine Deformation, in Jesus einen nur sanftmütigen, rein verinnerlichten Mann zu sehen, der keiner Fliege etwas zuleide tut, niemandem zu nahe tritt und sich ständig entschuldigt, dass er da ist. Jesus hat Macht, Vollmacht und Gewalt.«[20] Jesus beansprucht Menschen für sich und seine Aufträge, er hat Macht über Krankheit, Tod und Naturgewalten, er vergibt Sünden mit göttlicher Vollmacht, er stellt sich über die Autorität der Alten und der religiösen Machthaber, und er kündigt an, mit großer Macht zum Endgericht wiederzukehren. Entscheidend ist zunächst, dass seine Macht von Gott kommt und nicht vom Satan – die teuflische Macht weist er, wie die Versuchungsgeschichte berichtet, zurück. Sodann zählt, *wie* er Macht ausübt: selbstlos der Sache des Reiches Gottes dienend, liebevoll zu Kleinen, barmherzig zu Sündern, hilfsbereit zu Schwachen, entschieden zu Gegnern, treu bis zur Selbstaufgabe, wahrhaftig im Reden und Tun, angst- und gewaltfrei bei Konflikten, vertrauend dem Vater. Wir können sein Leben nicht genug betrachten und uns von ihm formen lassen; ignatianische Exerzitien wollen nur dieses. Am Ende seines Lebens wird Jesus alle Macht genommen, und er stirbt am Kreuz: arm und angstvoll, verzweifelt und *ohnmächtig*. Wir sind beim nächsten Thema angekommen.

4. Macht und Ohnmacht

Viele Mächtige erfahren sich ohnmächtig, und mancher Ohnmächtige übt eine unglaubliche Macht aus. Wo ist wahre Macht? Was so klar erschien, wird plötzlich diffus, wirr, paradox. Macht und Ohnmacht bedingen sich, tauschen die Plätze, schlagen ineinander um. Am Ende dieses Kapitels werden wir wie in der »dritten Woche« der Exerzitien den zugleich Mächtigsten *und* Ohnmächtigsten betrachten: Jesus Christus am Kreuz. In der absoluten Ohnmacht des unschuldig Hingerichteten erweist sich die absolute Macht der Liebe Gottes.

Die Macht des Ohnmächtigen

Mächtige verlieren ihre Macht: Der Lehrerin tanzt die Klasse »auf dem Kopf herum«; dem Pfarrer leert sich unaufhaltsam die Kirche; der Ärztin stirbt die Patientin unter der Hand, vom Krebs zerfressen; der Bischof sieht sich von allen Seiten unter Druck gesetzt; die Politikerin wird Opfer einer Medienkampagne; hilflosen Eltern entgleiten heranwachsende Kinder auf unsichere, ja heillose Wege. Mancher Leiter einer Institution wird mit unerfüllbaren Erwartungen in die Enge getrieben. Mancher Mächtige muss harte Entscheidungen treffen, wird aber danach verletzend und ungerecht kritisiert; ohnmächtig muss er seine Demontage akzeptieren. So entpuppt sich manche attraktiv scheinende Machtposition als Job für Verlierer. Als der Kleine Prinz dem König begegnet,[21] zeigt sich erbarmungslos dessen Ohnmacht: Weil es auf seinem kleinen Planeten nichts zu befehlen gibt, befiehlt er seiner Umgebung immer genau das, was gerade geschieht; so erhält er sich die Illusion, Macht auszuüben.

Viele Institutionen wurden in den fetten Jahren aufgebläht; nun wirken sie sklerotisch, können aber, weil niedere Chargen hartnäckig ihre Pfründe und ihre Machtbasis verteidigen, von den Verantwortlichen weder reformiert noch aufgelöst werden. Ein Ende mit Schrecken wäre das Beste, doch offensichtlich hat niemand die dafür nötige Macht, und die Affäre wird zum Schrecken ohne Ende. »Wenn du ein totes Pferd reitest, steig ab« – diese indianische Weisheit dringt nicht durch. Die Menschen wenden sich mit Grausen ab.

Ohnmächtige werden mächtig: Eine Mutter, die ihr erstes Kind gebärt, sieht sich plötzlich und gerne von dessen Bedürfnissen bestimmt, und sobald das Kind größer ist, weiß es sehr präzise, wie es die Eltern nach seiner Pfeife tanzen lässt. Untergebene sitzen die Initiativen des Chefs einfach aus; »Dienst nach Vorschrift« lässt effizient Macht spüren. Wer nach dem Motto »Geh nie zum Fürst, wenn du nicht gerufen würst« Kommunikation verweigert, kann im Hintergrund Fakten setzen und so Macht ausüben. Über einen schwierigen Mitbruder sagt man im Jesuitenorden: »Dem möchte ich nicht als Oberer unterworfen sein.«

Als Willy Brandt seine politischen Ämter abgeben musste, sagte er: »Es mag ja sein, dass Macht korrumpiert; Ohnmacht tut es noch mehr.« Warum das? Wer ohnmächtig ist, gar ausgenutzt oder unterdrückt, fühlt sich in seiner Würde und Integrität verletzt. Wer früher Macht genossen hat, erleidet im Machtverlust eine narzisstische Kränkung – aus diesem Grund hängen viele Mächtige so unerbittlich am letzten Zipfel

ihrer Macht. Nun gilt aber: Wer verletzt und gekränkt ist, will sich mit allen Mitteln sein »Recht« holen, so dass die Intrigen kein Ende nehmen. Bei Machtspielen Ohnmächtiger unterscheiden sich die Geschlechter: Männer kämpfen eher vordergründig und direkt, über Leistung und Erfolg, über die Macht der Fakten, sie drohen und drücken damit; Frauen kämpfen eher versteckt und subtil, über Beziehungsmacht, sie setzen Nadelstiche, wecken Eifersucht, kränken. Ohnmächtig Verletzte – Männer wie Frauen, auch Kinder und Alte – bilden informelle Machtzentren: korrupt, unkontrollierbar, unregierbar.
Macht und Ohnmacht schlagen ineinander um. Im Jesuitenorden, der den Umschlag durch häufige Ämterwechsel institutionalisiert hat, sagt man paradox: »Sei nett zu deinem Oberen, er könnte bald dein Untergebener werden.« Dieser Spruch entlarvt Macht und Ohnmacht von Mächtigen *und* Untergebenen. Allerdings: Viele Mächtige merken nicht, wie mit ihnen gespielt wird und wie ihnen Macht entgleitet, und mancher Machtlose gesteht sich nicht ein, wie viel er durch subtile Spiele eben doch durchsetzt. Er wähnt sich lieber weiterhin ohnmächtig und gehorsam, denn das ist moralisch korrekt. Besonders Intellektuelle sind auf diesem Feld der Selbsttäuschung ausgesetzt.

Einsamkeit und Leiden

Wer Macht hat, kann Untergebenen nur eingeschränkt Freundschaft anbieten, denn er braucht die Distanz der Rolle. Umgekehrt schenken auch Untergebene den Vorgesetzten selten Freundschaft, vielleicht aus Ehrfurcht, oft auch aus Misstrauen. Muss der Chef damit im Olymp der Götter vereinsamen? In gewissem Maß muss er sicher Einsamkeit aushalten und auf manche Beziehungschance verzichten, oft gegen seine Sehnsucht. Dass man insbesondere in betreuenden Berufen die »Klienten« nicht an sich binden darf, wurde schon erwähnt; es wäre Machtmissbrauch. Man soll sie frei lassen und frei machen, dass sie miteinander in Beziehung treten können. Betreuer bekommen von Betreuten viel zurück, aber nicht alles, was sie brauchen. Der Mächtige wird versuchen, seine Einsamkeit kreativ zu füllen, etwa durch musisches oder geistiges Tun, durch freundschaftliche Beziehungen an anderen Orten. Zu Untergebenen wird die Beziehung im günstigsten Fall intensiv und vertrauensvoll sein, aber dennoch die nötige Distanz wahren. Ohne Freundschaft schützt die beste berufliche oder familiäre Position nicht vor menschlicher Verkümmerung.

Leiden wird der Mächtige immer wieder unter »Übertragungen«. Damit ist gemeint, dass Untergebene unaufgearbeitete Konflikte, etwa aus familiären Beziehungen, unbewusst auf einen Vorgesetzten übertragen. Dieser sieht sich beispielsweise plötzlich und ungerechtfertigt heftiger Aggression ausgesetzt, weil er dem Untergebenen als dessen Vater erscheint, von dem dieser gedemütigt wurde. Leicht wird nun der Vorgesetzte sich über diese Aggression ärgern und wiederum gekränkt und aggressiv reagieren. Wenn er – als der Mächtigere – diese »Gegenübertragung« ausagiert, tut er dem Untergebenen vermutlich Unrecht, verletzt ihn neu und missbraucht so seine Macht. Der Untergebene wiederholt frühere leidvolle Erfahrung und verstrickt sich immer tiefer in sein Autoritätsproblem. Zu lösen ist es nur, indem der Vorgesetzte – als der hoffentlich Reifere – die Übertragung durchschaut und *nicht* gegenüberträgt. Er darf die Aggression nicht »persönlich nehmen« und muss sie demütig aushalten. Manchen spät- oder postpubertären Schlag wird er, wie eben ein Vater, einfach wegstecken müssen. Zur Heilung des Untergebenen kann das ein Beitrag sein. Jesus wurde durch ungerechte Aggression umgebracht und heilte so die Welt.

Überhaupt wird der Mächtige damit rechnen müssen, beschädigt zu werden: durch ätzende und ungerechte Kritik; durch absichtliches Verdrehen und Missverstehen seiner doch lauteren Intention; durch die Erkenntnis, ausgenutzt, belogen oder hintergangen zu werden; durch eine nicht steuerbare, plötzlich sich gegen ihn wendende Gruppendynamik; am Ende vor allem durch die Einsicht, wehrlos ausgeliefert zu sein. Es braucht viel Kraft, hier nicht zurückzuschlagen, auch nicht zu kompensieren – durch Konsum, Alkohol, Sex –, sondern sachlich zu bleiben, geduldig weiterzuarbeiten und Böses nicht mit Bösem, sondern mit Gutem zu vergelten.

Sein Kreuz tragen

Wer Macht hat, wird sie wach ausüben und stetig um Vertrauen werben. Zusammenarbeit wird er nicht erzwingen wollen, sondern mit Geduld und Vertrauensarbeit dazu einladen. Fehler muss er bisweilen eingestehen, nicht immer öffentlich, aber doch vor seinem Gewissen und vor Vertrauten. Überzeugen wird er durch Glaubwürdigkeit, durch Wahrhaftigkeit im Reden und durch Treue im Handeln. Insoweit er in Konflikt, Verzicht und Leiden gezogen wird, muss er – christlich gesprochen – sein Kreuz tragen.

Wer keine Macht hat, wird in ungerechten Systemen – welche sind ganz gerecht? – leiden. Er wird sich wehren, aber vieles dennoch ertragen müssen. Unmoralische Machtspiele wird er meiden – sie schaffen nur neues Unrecht. Macht anstreben darf und soll er, um Unrecht zu beseitigen und Gutes zu wirken, jedoch nicht, um sein Leid zu kompensieren oder sich durch Rache zu befriedigen. Wer die Macht des Machtlosen auszuüben versteht, wird sie ebenfalls auf Gutes ausrichten. Insoweit der Ohnmächtige in Konflikt, Verzicht und Leiden gezogen wird, muss er – dem Mächtigen ähnlich – sein Kreuz tragen.

Mancher, der ein Amt als Kreuz erfuhr und es nun ablegt, leidet nochmals, nämlich unter dem Machtverlust. »Die Kreuzabnahme ist oft noch schwerer als die Kreuzannagelung«, so eine Redensart im Franziskanerorden. Auch hier gilt es, den Umschlag von Macht zu Ohnmacht in Demut zu ertragen. Vielleicht hilft dieser Weg, mehr Verständnis für die Kreuze der jeweils anderen Seite zu entwickeln und damit zu liebevollerem Machtgebrauch zu finden.

Führen heißt, sich seiner Aufgabe in Stärke *und* in Schwäche zu stellen. Paulus erscheint in der Bibel als der dynamisch-erfolgreiche und zugleich als der gedemütigte, beinahe zerbrochene Apostel. Diesen Zusammenhang reflektiert er in vielen Schriften. »Wenn ich schwach bin, dann bin ich stark« (1 Kor 12,10), so paradox bringt er seine Erfahrung auf den Begriff. Das Paradox lässt sich an der Personalauswahl geistlicher Gemeinschaften verdeutlichen: Der Mensch ist ein Geheimnis, und kein Urteil oder Eingriff von außen erreicht den Personkern. Und doch muss der Vorgesetzte über Menschen entscheiden. Wieder wandert er auf einem Grat: Soll er seinem Urteil über einen Menschen trauen und mit Kraft und Macht seinen Entscheid durchsetzen, oder ist es besser, wenn er sich zurückhält und den Dingen ihren Lauf lässt? Spirituell gefragt: Wirkt der Geist durch ihn und sein machtvolles Eingreifen, oder wirkt er neben ihm, und er darf ihm gerade nicht in die Parade fahren, sondern muss ihn – selbst ohnmächtig – geduldig wirken lassen? Wer über Menschen und deren Lebensweg zu entscheiden hat, fühlt sich oft stark und schwach, und er empfindet dies als Kreuz.

Jesus trug sein Kreuz: Eben noch der Mann göttlicher Vollmacht, wurde er körperlich geschunden und seelisch verletzt, alle Aggression der Welt wurde auf ihn gerichtet, alle Freunde und alle Ehre wurden ihm genommen, er verzichtete auf alle Macht und verlor schließlich das Leben. Nur: Jesus kompensierte nicht, ließ sich nicht korrumpieren, log nicht und intrigierte nicht, schwieg auf die ungerechten Vorwürfe, ertrug Einsamkeit, Spott und Entehrung, betete für seine Mörder und vergalt Böses nicht mit Bösem, sondern mit Gutem. Der Herr war, wurde Knecht; am Ende wurde, der Knecht war, Herr. In der absoluten Ohnmacht des Kreuzes siegte die absolute Macht Gottes.

5. Macht der Menschen, Macht Gottes

Wie geht die Geschichte Gottes nach Ostern weiter? Sollen wir an seinen totalen Sieg und Triumph glauben? Würde dieser Glaube nicht unserer Erfahrung widersprechen? Was glauben wir, wenn wir »Ostern« sagen? Mit Blick auf die vierte Woche der Exerzitien geht es um die Frage, wie wir Christen unsere Macht im Spannungsfeld zweier Pole ausüben sollen: *Schon* erfahren wir uns als befreit und stark und mächtig – *noch nicht* ist dieses Werk vollendet, und wir erfahren uns als gebunden, schwach, ohnmächtig.

Auferstehung Jesu und Allmacht Gottes

Als der Sohn Gottes getötet wird, scheint Gott abwesend, ohnmächtig zu sein. Mit der Auferweckung des Sohnes – so der erste Eindruck – beweist Gott neu, wer Herr im Haus ist. Er desavouiert Juden und Römer, setzt seinen Willen gegen das Böse durch, gewinnt triumphal die Macht zurück. Nun ist die Machtstruktur wieder klar, die Welt mit ihrer hierarchischen Ordnung wieder im Lot. Oft legitimierte man aus diesem Sieg Gottes irdische Machtstrukturen: Das Christentum darf sich gewalttätig gegen andere Religionen durchsetzen, die Regierung der Kirche kann nur hierarchisch sein, perfide Juden sind zu unterdrücken, christliche Herrscher sind durch Gottes Gnade eingesetzt. Doch ist das alles richtig?
Nicht nur vor Ostern – von der Niedrigkeit der Krippe bis zum Tod am Kreuz – ist Jesus kein Machtmensch. Auch die Auferstehung bleibt befremdlich,[22] sie ist gerade kein Happy-End, keine Demonstration

der Allmacht Gottes. Nicht ein »Reich Gottes« setzt sich durch, sondern ein Grab ist leer, und ein toter Mensch erscheint lebend. Dessen »Aufstehen« bleibt jedoch verborgen, und als Erscheinender muss er seine Identität erst beweisen. Er erklärt nichts und entzieht sich gleich wieder. Die Engel verweisen eher auf das, was nicht ist. Die Jünger reagieren ängstlich und ungläubig; Zeugen sind Frauen, was aber nicht zählt. Später rufen die ersten Christen Halleluja, aber bald beginnen Verfolgungen, Stefanus wird ermordet, und neue Ohnmachtserfahrungen prägen das Leben der Gemeinde. Paulus erlebt mehr Schwäche als Macht, und alle Apostel erleiden das Martyrium. Ostern ist gerade keine neue Macht- und Gewaltgeschichte, es desavouiert alle Machtansprüche des späteren Christentums. Die Macht des Auferstandenen bleibt mit der Ohnmacht jener gepaart, die ihre Existenz auf ihn setzen. Christus überwindet die Macht des Todes, aber nicht die Ohnmacht vor dem Tod.

Gott mutet uns also Ohnmacht zu, und wir Christen leben in der Dialektik und im Umschlagen von Macht und Ohnmacht. Wir müssen die Ambivalenz der Macht aushalten und uns vor ihrer dunklen Seite schützen. Unsere irdische Existenz hat sich durch die Geschichte Jesu nicht wesentlich verändert; im Gang dieses Buches sind wir zum Anfang zurückgekehrt. Und doch: Der Tod, der uns Menschen absolut ohnmächtig macht, ist durch Gottes Allmacht überwunden. Wie verhält sich die Allmacht Gottes zu unserer irdischen Macht?

Mancher, der im Gottesdienst im Namen des *allmächtigen* Gottes gesegnet wird, bekommt eine Gänsehaut, denn zu leidvoll sind seine Erfahrungen mit Mächtigen, und ein gar allmächtiger Gott wirkt bedrohlich, diktatorisch. Dennoch: Die Rede vom allmächtigen Gott ist sinnvoll – genau dann, wenn wir gleichzeitig vom gütigen und gerechten Gott sprechen. Gott will nicht Angst machen, sondern Gutes gegen Böses durchsetzen. Nur dafür verwendet er seine absolute, vollkommene Macht. Nur deswegen können wir einem allmächtigen Gott *vertrauen*. Alle unsere irdische Macht ist von dieser göttlichen Macht abgeleitet, »geliehen« und *deswegen* ebenfalls auf das Gute verpflichtet. Weil Gott seine Allmacht nicht missbraucht, darf auch der von ihm geschaffene und ihm verantwortliche Mensch seine beschränkte Macht nicht missbrauchen. Vielleicht lässt uns ja Gott – auch nach Ostern – so oft in der Ohnmacht hängen, damit wir nicht noch stolzer werden und noch öfter unsere Macht missbrauchen. Vielleicht erzählt uns die Bibel eben deswegen keine österliche Machtgeschichte.

Gott und das Böse

Warum jedoch greift der *allmächtige* Gott nicht gegen das Böse in der Welt ein? Wenn er gütig und gerecht ist, müsste er doch etwas unternehmen. *Will* er nicht eingreifen? Dann ist er nicht wirklich gütig und gerecht. *Kann* er nicht eingreifen? Dann ist er nicht allmächtig. Das christliche Gottesbild stößt hier an Grenzen. Ist hier ein Widerspruch, der – so behaupten viele – das christliche Gottesbild oder gar die Existenz des christlichen Gottes widerlegt?
Die Frage ist komplex und bedürfte längerer Erörterung. Nur so viel sei gesagt: Gott hat die Menschen *frei* geschaffen; ihre Freiheit, sich entscheiden zu können – auch zwischen Gut und Böse –, ist das höchste Gut der Schöpfung. Gott *will*, dass die Menschen sich frei

zum Guten entscheiden und ihre Macht frei zum Guten gebrauchen. Tun sie es nicht, missbrauchen sie ihre Freiheit. Machtmissbrauch ist Missachtung der Schöpfung und damit Sünde. Dass Gott nicht eingreift gegen die Sünde, bedeutet wohl, dass er die von ihm selbst geschaffene Freiheit des Menschen respektiert. Offensichtlich ist sie ihm ein so hohes Gut, dass selbst ihr Missbrauch nicht – noch nicht – den göttlichen Eingriff veranlasst.

Aber wir sollten glauben, dass Gott den Machtmissbrauch der Menschen wahrnimmt und darunter ebenso leidet wie wir Menschen. Im Tod wird er uns alle Macht nehmen und seine unendliche Macht beweisen, und er wird Rechenschaft über unseren Machtgebrauch verlangen. Ist das nun mehr eine Droh- als eine Frohbotschaft? Auch dass Christus *in Macht* und Herrlichkeit wiederkehren wird, um über Lebende und Tote zu richten, ist ein Wort, das wir nur aus der Güte Gottes verstehen können: Als Richter besteht seine *Gerechtigkeit* genau darin, dass er barmherzig ist und daher machtvoll das Unfreie frei und das Ungerechte *gerecht macht*. Er wird das Böse auslöschen, die Schuld ausgleichen und die Welt in sein Reich des Friedens und der Gerechtigkeit führen. Für uns persönlich dürfen wir hoffen, dass er all unsere Ambivalenz und unseren Machtmissbrauch beenden, uns vom Bösen – sicherlich schmerzhaft – reinigen und uns alle Sünde vergeben wird. Ohne diesen Glauben könnten wir Christen niemals wagen, Macht auszuüben.

Werte der Macht

Dass es Macht braucht, folgt aus der Verdorbenheit der Welt: Um gegen Böses vorzugehen, muss der Mächtige bisweilen mit starken Mitteln eingreifen, auch »gegen das Widerstreben« (Max Weber) der Menschen, auch in ihre Freiheitsrechte hinein (Karl Rahner). Von Gott wünschen wir manchmal, dass er mehr Allmacht üben möge. Zwar ereignet sich manches, das wir dann als Eingreifen Gottes in unsere Freiheit deuten, aber in der Regel, so der Eindruck, lässt uns Gott viel Freiheit – die wir dann missbrauchen. Wer also Macht ausübt, muss sich ihrer Ambivalenz bewusst sein und diese annehmen: Mit Furcht und Zittern wird er Machtakte setzen, wohl wissend, dass er immer der Gefahr des Missbrauchs ausgesetzt ist. Er wird seine Intentionen prüfen und läutern. Eng mit Gott verbunden wird er sein Gewissen erforschen und um gute Entscheidungen bitten.

Macht ist ein Mittel und immer rückgebunden an Ziele. Mittel darf man nur so weit nutzen, als sie den Zielen dienen. Was hier in ignatianischer Sprache gesagt ist, würde man modern als *wertgebunden* bezeichnen: Macht ist kein Eigenwert und darf nicht um ihrer selbst willen oder für die Aufwertung ihres Trägers angestrebt oder gebraucht werden, sondern nur für außerhalb ihrer liegende Werte. Nochmals sei dies gesagt, gegen jeden zynischen Machtpragmatismus.

Doch um welche Werte geht es? Wie mehrfach angedeutet, soll Macht – allgemein gesagt – Böses bekämpfen und Gutes fördern. Konkreter geht es um das, was Jesus »Reich Gottes« nennt: Frieden, Gerechtigkeit, Einheit der Menschen, Trost, Vergebung, Zuwendung zu Armen und Schwachen; oder nochmals allgemein: Liebe. Die Bergpredigt preist selig die Armen im Geist, die Barmherzigen, die Sanftmütigen, die im Herzen Reinen, die Verfolgten. Lernen kann man diese Werte im Schauen auf das Verhalten Jesu. Er ist der

beste Lehrer für den Umgang mit der Macht. Die christlichen Fürstenspiegel des Mittelalters nennen Frieden und Gerechtigkeit immer als die ersten Werte, an die fürstliche Macht gebunden ist.
Kirchliche Amtsträger fragen, wie sie ihre Vollmacht theologisch legitimieren können. Man verweist dazu auf das objektive Amt, dessen Vollmacht nach dem Glauben der Kirche von Gott verliehen wurde und in dem der Heilige Geist wirkt. Und doch wird im Amtsträger – und in seinen Untergebenen – leise die Frage nagen, ob in seinen Entscheiden nicht auch subjektive und persönliche Elemente wirken, ja sogar oft den Ausschlag geben. Besonders wenn es um Menschen geht, spielen Sympathie und Antipathie, Bindungen und Zerwürfnisse eine Rolle, und auch bei »sachlichen« Problemen legen sich Vorlieben und Emotionen auf die »objektiven« Fakten. Wie kann man es wagen, für subjektiv gefärbte Entscheidungen den Heiligen Geist zu beanspruchen?
Zunächst muss der Mächtige den Prozess des Entscheidens nach Möglichkeit zu objektivieren suchen: durch Bedenken der wahren Gründe, durch innere Distanzierung, durch nüchternen Umgang mit Gefühlen, durch wirkliche Beratung. Sodann darf er seine Entscheidung nicht so begründen, dass er auf den Heiligen Geist pocht und jedes Hinterfragen verbietet. Er muss seine Wahl aus der Sache zu begründen versuchen und kritisieren lassen. Dass sie wirklich der Geist wirkt, ist mit dem Amt noch nicht garantiert. Erst die Geschichte wird es weisen.
Theologisch ist zu sagen, dass der Heilige Geist auch und gerade im Subjektiven wirkt. Diese ignatianisch inspirierte Aussage meint, dass sich gerade in inneren »Regungen«, also in Gefühlen und Stimmungen, in

Zu- und Abneigungen, in Sympathien und Antipathien die Stimme Gottes meldet. Wer Macht hat, soll seinen Regungen grundsätzlich trauen. Nur ist vorauszusetzen, dass er gut *die Geister unterscheidet*: Er muss hören und scheiden lernen, welche Regung vom Heiligen Geist gewirkt ist und ihn zu guten Entscheiden führt und welche vom Bösen Geist kommt und ihn in Unheiles, Krankes und Falsches verstrickt. Modern gesagt: Eine kluge emotionale Intelligenz weiß mit den Gefühlen so umzugehen, dass diese nicht ausgeschaltet werden – das ist nicht möglich, und der Versuch würde alles verschlimmern –, sondern so, dass sie in das Wahrnehmen und Reflektieren der – möglichst objektiven – Fakten kritisch einbezogen und dafür fruchtbar gemacht werden. Die ignatianische Lehre der Unterscheidung der Geister bietet dafür Orientierung und Hilfe. Die dann noch bleibende Unsicherheit gilt es anzunehmen und zu durchleiden. Man wird sie Gott anbieten und darum bitten, dass er aus menschlich Krummem göttlich Gerades macht.

Macht im Himmel

Im ewigen Ostern, nach Tod und Auferstehung, werden wir im Himmel sein. Was dort sein wird, können wir nur mit dürren Worten beschreiben. Es wird dort keine Ohnmacht mehr geben, aber auch keine Macht. Weil es kein Böses mehr gibt, muss niemand mehr Böses verhindern, also in die Freiheitsrechte anderer eingreifen und ihnen gegen Widerstreben etwas aufzwingen. Alle leben frei und zum Guten hin, alle in Einheit und Frieden, in Recht und Gerechtigkeit. Gott ist allmächtig, braucht aber seine Macht nicht auszuüben, denn sein Wille und sein Recht herrschen schon. Ist das Utopie?

Ja, aber nicht im Sinn des Unerreichbaren, Irrealen, sondern im Sinn des real Zukünftigen. Der Himmel ist unsere Hoffnung und unser Glaube. Für Glaubende wäre ohne diese Utopie das Leben und alles Tun – besonders das machtvolle – sinnlos.
Schon erleben wir auf Erden den Himmel anfanghaft: in allem gelungenen Zusammenleben und -arbeiten, in dem Macht nicht ausgeübt zu werden braucht und Freiheit herrscht. *Noch nicht* ist der Himmel vollendet, das erfahren wir in aller Brüchigkeit und in der Ohnmacht, im Machtmissbrauch und im Sterben. Macht *und* Ohnmacht zeigen uns die Ambivalenz irdischen Lebens. Nur verhüllt und fragmentarisch erleben wir Gutes, können im Fragment aber das ganze Gute erahnen. Das allein gibt uns Hoffnung und Freude, und es motiviert, mitzuwirken am Werk Gottes.
Der heilige Augustinus sagt in einer Predigt[23]:

»Unruhestifter zurechtweisen,
Kleinmütige trösten,
sich der Schwachen annehmen,
Gegner widerlegen,
sich vor Nachstellern hüten,
Ungebildete lehren,
Träge wachrütteln,
Händelsucher zurückhalten,
Eingebildeten den rechten Platz anweisen,
Streitende besänftigen,
Armen helfen,
Unterdrückte befreien,
Gute ermutigen,
Böse ertragen
und – ach – alle lieben.«

6. Zwölf Leitsätze zum Umgang mit Macht

Zum Ende hin sollen zwölf Leitsätze einiges von dem, was bisher bedacht wurde, erinnern und ergänzen. Wer Macht ausübt, möge mit diesen Maximen sein Gewissen prüfen. Schwächen kann er entdecken und Hilfe dafür suchen, Stärken kann er fördern.

(1) ***Macht bejahen:*** Nehmen Sie Ihre Macht an und üben Sie sie aus. Sie ist ein gutes Mittel, um Gutes zu tun. Sagen Sie ja zur Welt. Je mehr Macht Sie haben, desto mehr haben Sie Verantwortung für das Gute. Üben Sie Ihre Macht mit Mut und Vertrauen aus, mit Freude und Dank, aber auch mit Achtsamkeit und Respekt, mit Sorge und Furcht. Nehmen Sie auch Ihre Ohnmacht an, in Geduld und Demut, und akzeptieren Sie das Leiden, das aus ihr folgt. Tun Sie, was nötig und möglich ist: nicht mehr – Sie würden sich und andere überfordern –, aber auch nicht weniger – Sie würden Ihrer Verantwortung nicht gerecht werden.

(2) ***Zielen dienen:*** Überlegen Sie, welchen Zielen und Werten Ihr Handeln dient. Läutern Sie diese auf das Gute und Gerechte hin. Richten Sie Ihre Entscheidungen an den Zielen aus. Prüfen Sie nüchtern und ehrlich Ihre Motive. Mühen Sie sich um lautere Absicht. Stehen Sie zu Ihren Überzeugungen, auch wenn diese Ihrem Fortkommen schaden. Tappen Sie nicht in Ihre narzisstische Falle. Nachhaltigkeit ist wichtiger als Erfolg.

(3) ***Kommunikation üben:*** Binden Sie die Ihnen anvertrauten Menschen in Entscheidungen ein. Suchen Sie das direkte und ehrliche Gespräch. Versuchen Sie, die Aussagen Ihrer Untergebenen eher zu retten als zu verurteilen. Behandeln Sie sie mit Respekt und Wohlwollen. Sie können nicht immer alles sagen, aber was Sie sagen, soll wahr sein. Versuchen Sie nicht, es allen recht zu machen.

(4) ***Untergebene einbinden:*** Versuchen Sie, transparent und im Konsens mit den Betroffenen zu entscheiden. Delegieren Sie, was möglich ist. Motivieren Sie Ihre Untergebenen zum gemeinsamen Handeln. Unpopuläre und schmerzhafte Entscheidungen sollten Sie, soweit irgend möglich, zu vermitteln suchen. Wägen Sie ab, ob der sachliche Vorteil den menschlichen Nachteil aufwiegt bzw. erzwingt – und umgekehrt.

(5) ***Interessen wägen:*** Prüfen Sie regelmäßig, welchen Interessen Sie dienen: eigenen oder fremden, lauteren oder egoistischen, materiellen oder geistigen, denen der Institutionen oder denen der Menschen. Orientieren Sie die Interessen auf das allgemein Gute hin. Lernen Sie Ihre Schwächen kennen und suchen Sie Mittel, sie auszugleichen.

(6) ***Beziehungen gestalten:*** Suchen Sie zu den Ihnen Anvertrauten sowohl Nähe und Vertrauen als auch Distanz und Sachlichkeit. Wägen Sie gut ab, mit wem und wie Sie Freund sein können. Lernen Sie Ihre Rolle kennen, nutzen Sie deren Chancen, aber akzeptieren Sie auch deren Grenzen. Nutzen Sie Beziehungen, aber nicht egoistisch, sondern für das Wohl aller. Verbinden Sie Strenge und Milde je nach der Person,

nach den Umständen und nach den Zielen. Tun Sie alles mit Liebe.

(7) ***Leiden erdulden:*** Versuchen Sie, Übertragungen zu durchschauen und adäquat zu reagieren. Ertragen Sie die Unreife anderer, aber auch Ihre eigene. Lassen Sie sich nicht von Ungeordnetem und Chaotischem hinreißen. Halten Sie die Einsamkeit des Mächtigen aus und füllen Sie sie kreativ. Legen Sie öfter Ihr Machtgewand ab und pflegen Sie ein ausgleichendes Privatleben.

(8) ***Wirklichkeit anerkennen:*** Seien Sie gehorsam gegenüber der Realität. Akzeptieren Sie Ihre Welt, wie sie ist, nicht wie Sie sie haben möchten. Arbeiten Sie mit den Menschen, die Sie haben, nicht mit Ihren Wunschpartnern. Seien Sie nüchtern und demütig, und nehmen Sie sich nicht so wichtig.

(9) ***Angst beherrschen:*** Lernen Sie Ihre Ängste kennen, vor Verlust und vor Untergang, vor Konkurrenz und vor Verachtung. Distanzieren Sie sich von den Ängsten und lernen Sie zu beurteilen, welche unbegründet, welche hingegen Indizien für Überforderung und Gefahr sind. Geben Sie Ihren Ängsten nicht zu schnell nach, fassen Sie realistisch Vertrauen und Mut.

(10) ***Hilfe suchen:*** Lassen Sie sich durch fähige Berater unterstützen, durch gute Freunde ehrliches Feedback geben, durch kompetente Fachleute kritisch begleiten und durch begabte Mitarbeiter tatkräftig helfen. Gute Berater sind solche, die nicht von Ihnen abhängen und frei urteilen. Nehmen Sie keine Aufgabe an, die Sie psychisch oder physisch überfordert.

(11) ***Barmherzig sein:*** Seien Sie nachsichtig mit sich und mit anderen, und verzeihen Sie großzügig. Sie brauchen nicht perfekt zu sein. Gott ist immer viel barmherziger, als wir uns das vorstellen. Stehen Sie am rechten Ort und in rechter Weise zu Ihren Fehlern, nötigenfalls auch öffentlich. Gott verlangt von Ihnen nicht mehr als Sie können, daher hat auch kein anderer das Recht, Sie zu überfordern. Wenn Ihnen für die Bewältigung Ihrer Aufgabe bestimmte Gaben fehlen, gestehen Sie sich den Mangel ein und delegieren Sie, soweit möglich, die Arbeit.

(12) ***Gott die Ehre geben:*** Suchen Sie nicht Ihre, sondern Gottes Ehre. Die Ehre Gottes besteht in Recht und Friede, in lebendigen und frohen Menschen, in Liebe und Eintracht aller. Nutzen Sie sowohl alle menschlichen als auch alle göttlichen Mittel; diese sind Vertrauen und Hoffnung, Glaube und Gebet. Wenden Sie die menschlichen Mittel an, als ob es keine göttlichen gäbe, und die göttlichen, als ob es keine menschlichen gäbe.[24]

Anmerkungen

[1] Nicht wegen der – tatsächlichen oder vermeintlichen – größeren Macht der Männer, sondern um der besseren Lesbarkeit willen wird in diesem Buch für Mächtige (und Ohnmächtige) meist die männliche Form verwendet.

[2] Einführend zur ignatianischen Spiritualität: Stefan Kiechle, Ignatius von Loyola – Meister der Spiritualität, Freiburg ²2003; dort weitere Literaturhinweise; außerdem die Bände dieser Reihe »Ignatianische Impulse«.

[3] Max Weber, Wirtschaft und Gesellschaft, 1921/22, Kap. I, § 16.

[4] Darauf weist besonders Karl Rahner hin: Theologie der Macht, in: Schriften zur Theologie IV, Einsiedeln 1960, 485–507. Aus dieser Bestimmung wird deutlich, dass »Macht« in diesem Buch nicht in dem sehr weiten Sinn von »Macht des Gebets«, »Macht der Liebe« usw. verstanden wird.

[5] Ignatius von Loyola, Geistliche Übungen, ed. Peter Knauer, Würzburg 1999 (zit. mit »GÜ« und Randnummer).

[6] Diese Ambivalenz der Macht spürten wir genau im Irakkrieg: Was waren seine wahren Motive? War er diskret und liebevoll? Wurde wirklich, wie behauptet, mehr Freiheit geschaffen als zerstört?

[7] Robert Greene, Power, München 2001, bietet das Gegenmodell zu diesem Ansatz: Eine Sammlung von 48 durchaus amoralisch-zynischen, im schlechten Sinn machiavellistischen Maximen; sie helfen, trickreich Gegner auszuschalten und skrupellos Macht zu mehren.

[8] Vgl. die Auslegung des Textes und die Meditationshinweise in: Stefan Kiechle, Größer als unser Herz. Biblische Meditationen – Exerzitien im Alltag, Freiburg ²2005, bes. S. 51ff.

[9] Vgl. Hans-Jürgen Wirth, Narzissmus und Macht. Zur Psychoanalyse seelischer Störungen in der Politik, Gießen ²2003, 72 (Definition nach Kernberg).

[10] Sándor Márai, Die Glut, München 1999, 62.

[11] Baltasar Gracián SJ (in seinem »Handorakel und Kunst der Weltklugheit«, Freiburg 1999) schreibt dazu lapidar: »Ohne zu lügen nicht alle Wahrheit sagen« (Nr. 181). Dieses berühmte Buch des spanischen Jesuiten erschien zuerst 1647. Es ist eine Art Handbuch für den Umgang mit der Macht und findet noch heute große Verbreitung. Manche Anweisungen Graciáns wirken auf den ersten Blick recht machiavellistisch, wie Tricks zur Machterhaltung, die

die Grenzen der Moral für heutigen Geschmack allzu weit fassen. Als Ganzes und aus seiner Zeit heraus interpretiert, gibt das Buch jedoch nüchterne Hinweise zu einer »weltlichen« Klugheit, die Realitätssinn mit Zielstrebigkeit verbindet.

[12] Gabriele Hartlieb, Art. »Erotik« in: Spirituell leben. 111 Inspirationen von Achtsamkeit bis Zufall, hg. von G. Hartlieb, Ch. Quarch und B. Schellenberger, Freiburg 2002, 90.

[13] Fulbert Steffensky, Art. »Macht«, in: siehe Anm. 12, 254.

[14] Aus feministischer Perspektive zum Thema Autorität und Macht: Diotima, Die Welt zur Welt bringen. Politik, Geschlechterdifferenz und die Arbeit am Symbolischen, Königstein 1999, bes. 130–133. Vgl. auch Theodor Eschenburg, Über Autorität, Frankfurt 1965.

[15] Baltasar Gracián (vgl. Anm. 11) schreibt knapp: »Nicht zeremoniös sein« (Nr. 184).

[16] Zit. nach: Elisabeth Münzebrock, Teresa von Avila – Meister der Spiritualität, Freiburg 2004, 158.

[17] Vgl. Otto F. Kernberg, Affekt, Objekt und Übertragung. Aktuelle Entwicklungen der psychoanalytischen Theorie und Technik, Gießen 2002, 151.

[18] Satzungen Nr. 723–735, in: Ignatius von Loyola, Gründungstexte der Gesellschaft Jesu, ed. P. Knauer, Würzburg 1998, 798–801.

[19] Der Begriff »General« hat im Jesuitenorden keine militärische Bedeutung, sondern kommt von lat. *praepositus generalis*, das bedeutet »allgemeiner Vorgesetzter«.

[20] Manfred Scheuer, »Unter euch soll es nicht so sein!« Macht – Autorität – Gehorsam, in: Ordensnachrichten. Amtsblatt und Informationsorgan der österreichischen Superiorenkonferenz, 42. Jg./2003, Heft 6, 6. Der Autor ist Bischof von Innsbruck.

[21] Antoine de Saint-Exupéry, Der Kleine Prinz, Düsseldorf 1952, Kap. X.

[22] Vgl. Hans-Joachim Sander, nicht verleugnen. Die befremdende Ohnmacht Gottes, Würzburg 2001, bes. 81ff.

[23] Sermo 340,1.

[24] Vgl. Baltasar Gracián (vgl. Anm. 11), Nr. 251.